問心

讀孟子，反求諸己

林安梧——著

讀《孟子》就只是問心，問心無愧，一切已矣，
義利之辨在此，人禽之辨在此，天理人欲之辨在此。

推薦序　讓孟子活在我們這時代

顏崑陽

古代「文化傳統」不是僵固在圖書館裡的故紙堆，而是已化入現代人們習以為常的生活情境，根本無法割棄。那些不合時宜的文化傳統總會隨著「時勢」而被淘洗、沖走；合時宜的就會隨著「時勢」而被擇取、留存下來，並且轉化為貼切時代經驗的生活方式與價值觀念，豐富現代人們的生命智慧。

將古代「文化傳統」看作木乃伊，死掉的不是文化傳統，而是現代人理解、詮釋文化傳統的智能；將孔、孟、老、莊看作與台灣現代生活無關的他者，甚至看作台灣敵國文化的發聲器；被棄絕的不是孔、孟、老、莊，而是自我監禁在意識形態牢獄中的囚犯。

普世價值的真理，不專屬於任何區域社會或政治黨國，而是全人類共享的文化資產；也不專屬於任何時代的人們或社會階層，而是超越時代以分享所有相信真理的聰明人。因此，《論語》、《孟子》、《老子》、《莊子》、《心經》、《金剛經》、《聖經》等，沒有國界，沒有時限，唯心眼開闊、意識自由者得之。經典的意義，必然超越時代與區域，被每個時代、各個區域的聰明人士，重新理解、詮釋而不斷再生；經典不可能死亡，假如經典死亡了，就是人類的滅絕。

讀不懂文言的經典，可以虛心學習，而不是盲目拒絕；因為讀不懂經典而盲目拒絕的愚者，也將被普世價值的真理所拒絕。台灣這樣的愚者很多，都是真理殿堂外的心靈流浪人。

如何重新理解、詮釋經典，並以現代人們讀得懂的語言，大眾能接受的傳播形式，讓經典的意義再生；而融入現代人的生活，打掃某些自覺迷亂的心靈？這始終是我做為一個活在現代的古典人文學者，用心承擔的使命。因此，我策畫、主編過很多「古典人文現代化」的書籍。這需要集結許多讀通經典，而能體悟現代生活意義的學者一起完成的志業。

一九九〇年代初，我策畫主編一套「我讀經典」的好書。其中，誰來撰寫《問心——我讀《孟子》》？我第一個就想到林安梧教授，不只因為那時安梧是我認識十幾年的至交好友，更因為我特別感知到他敏銳、深閎的生命智慧；對現代文化社會經驗現象的觀察、思辨，以及切身生活的體悟，都與孔、孟、老、莊的經典古今融通，而不愧為當代新儒家優秀的青年學者。安梧有才、有學，又有文采；恐怕孟子有知，也會指定他撰寫《問心——我讀《孟子》》吧！

「萬物皆備於我」，孟子的思想不在於究問宇宙萬物客觀經驗現象的知識；而在於「問心」，每個人都自問生具的「良心」，如何能夠朗現，而真切的付諸日常生活的實踐；如此，便能開展出一個真性情與真道德兼融的世界。孟子所說人之良心善性的道理，並不像宋明理學那麼超驗、那麼抽象、那麼複雜難懂；每個人在日常生活言行之間，就可實踐而體證。因此，每個人要自問的「心」，乃是不離天地，不離文化社會，不離自身日常生活，能感知生命存在意義、理想價值的「心」；它不是純粹抽象概念的理論。

原始儒家如孔子、孟子都切實於日常生活，說些人人都能懂，都可以做到的真理，而不像宋明儒只說些專家學者才思辨得清楚的抽象理論。這些日用的真理，即使相隔二千多年，文化社會情境不管如何變遷，只要讀通經典，孔孟所說的真理，大部分都還可以置入當代生活情境中，經由自我實踐而體證，以厚養一個人的生命智慧，解決自己所遭遇到的困惑。說孔孟之書已經「過時」，不合現代生活情境的那些人，最好能虛心將經典讀通，並融入現代生活去體證；就會明白經典不是流行服飾，沒有「過時」的問題。

安梧這本書，精選《孟子》經典中，飽含生命智慧的條文，簡要注解生難詞之後，就精心詮釋其中的哲理。安梧絕不是只會堆砌文獻、拘執考據的學究，也不是只會搬弄術語、生說理論而精擅一家之言的專家。他是博通經典，而能貼切時代、體驗生活、滿懷存在感的優秀學者；因此對於《孟子》的詮釋，篇篇都能以面對當代文化社會經驗現象的觀察、思辨，以及自己切身生活的體悟，拿來與經典的文本相互印證；並且以日常生活語言，親切活潑的表達出來，彷彿與讀者們對面談心，完全沒有酸腐氣，沒有生硬語。

於是，聖人只不過像是鄰居滿懷人生經驗與智慧的長者，而道德也出自於活活潑潑的真性情。安梧讓孟子又活在我們這時代，而經典也融入我們的生活，獲得意義的再生了。

本文作者　輔大中文系講座教授

卷前語

林安梧

孟子(BC 372—BC 289)所處的時代，是一個「世衰道微，邪說暴行有作，臣弒其君者有之，子弒其父者有之」的年代，那是一個「聖王不作，諸侯放恣，處士橫議，楊朱、墨翟之言盈天下」的年代。這是戰國亂世，人心不安，邪說充斥的年代，孟子想要做的事，是「我亦欲正人心，息邪說，距詖行，放淫辭，以承三聖者；豈好辯哉？予不得已也。能言距楊墨者，聖人之徒也。」。這是一個比起孔老夫子的年代還紛亂的年代。

孔夫子夢想的是周公的禮樂教化的恢復，他「刪詩書、訂禮樂、贊周易、修春秋」，經由仁的點化，並以交談的方式，正名以求實，希望能達到「老者安之，朋友信之，少者懷之」，「大道之行也，天下為公」的理想。孟子作為孔老夫子的嫡四傳弟子，繼承著夫子的志業，直指人怵惕惻隱的原初本心，點出人性本善。正如宋儒陸象山所言：「夫子以仁發明斯道，其言渾無罅縫；孟子十字打開，更無隱遁，蓋時不同也」。孟子點出人性本善，更而宣說人的「仁、義、禮、智」這四端之心，並由此建立其王道仁政的理想志業。

《論語》我們看到的是「交談、傾聽」，而在《孟子》裡，我們感受到的則是「論辯、說服」。有人說在《論語》我們感受到夫子的春風和氣，在《孟子》我們體會到的卻是秋天的肅殺之氣；其實更恰當的講，在《孟子》我們體會到的是生生不息的「浩然之氣」，「以直養而無害」，「雖千萬人吾往矣」。那是「居天下之廣居，立天下之正位，行天下之達道」，是「居仁、立禮、行義」的大丈夫。他的生命是「有諸己之謂信，充實之謂美，充實而有光輝之謂大，大而化之之謂聖，聖而不可知之之謂神」，這「信、美、大、聖、神」自可以「富貴不能淫，威武不能屈，貧賤不能移」，自可以「所存者神，所過者化」，內聖外王，君子聖賢，由斯而立。「義利之辯、王霸之辯、人禽之辯」，如此三辯，了了分明，人心可正，邪說當息。

當然，我們可以進一步對此展開更為深層的思考：一、《孟子》〈梁惠王〉義利之辯開篇對比於《論語》〈學而〉，點出如何從「交談」到「論辯」。二、在世衰道微，邪說暴行，孟子如何振拔其上，極力發揚仁義，實現內聖外王之道。三、進到「仁義內在、人性本善」的深層理論核心，指出性善之說，強調道德覺性的良知良能，不是生物學意義的本能，這裡有著心性之學的深刻意義。四、指出心性儒學與政治儒學本為一體，既是本內聖而開外王，也實踐外王之道，迴返本源、豐富本源，深化內聖之道。「內聖、外王」兩端而一致，充實而飽滿。五、儒學強調的君子丈夫，是以人倫為尚的，由此人倫而喚醒了覺性之善。這覺性之善的原初性一旦被開啟，若泉之始達，若火之始燃，應該好好的保任它、擴充它，讓他充塞宇宙、拓於四極。六、孟子的王道之學，煥發著和平主義的曙光，在廿一世紀人類文明裡，他將扮演著最為重要的交談與對話的位置。

我讀《孟子》，《孟子》讀我，在生活中讀，因此也讀進了生活。生活本身就是一部經典，只要經由自身的體會就足以構成一部經典，因為經典有一極為重要的特質在——體會。經典本身就是一片生活，只要經由切身的力行就足以展開其為生活，因為生活有一極為重要的特質在——體會。

體會不同於皮毛之想，體會是對於存在的周遭有一種滲入其間的理解，再逐層的搜討下，這樣的一種理解是足以調適而上遂於道的；而且他不只是調適而上遂於道，他更且由此俯瞰向下，迴向於生活之中。我用了簡單的方式來說此，「體會是會之於體，是以體會之」。

《孟子》是心學，這個「心」是不離生活的心，是不離天地的心，只此心便是「天」，便是「生活」，生活只是個源泉滾滾、永不停歇的歷程。這樣的歷程，才是真正的實在。讀《孟子》就只是「問心」，「問心」就只是個當下體會驗察。「心」是出入無時，莫知其向的，但「心」卻也是廣包一切的，孕育一切的，「問心」是向全幅的生活開放，向全部的天地開放。問心，不是收網一切的線索，而是開啟生命的不息之門。

讀《孟子》就只是問心，問心無愧，一切已矣，義利之辨在此，人禽之辨在此，天理人欲之辨在此。但這是不離生活的，是不離經典的，是不離天地的，問心就只是這樣的開啟生命之門。乾坤陰陽，咸在於此，天地六合，只此一心。這是一種擁抱，一種被天地六合，古往今來所擁有的感覺。運用概念語言，是必要的，但不是充分的，真正的充分是用自己的生命去覺知，去活過來，這樣的活過來就成了歷史。但若沒有概念語言，就沒有定準，所謂「立於禮」，才能「成於樂」，只是「興於詩」，仍易流蕩而無歸。「問心」，運用概念語言是必須的，但不是充分的，我仍要這麼的強調一下。

換了一個表達方式就讓自己活轉了過來，謝謝顏崑陽教授的美意，終使我寫了第一本「通俗的讀物」，只望能「通而不俗」，或「俗而可耐」，那也就萬幸了。

丁酉之秋（2017/0905）訂稿於花蓮之元亨居

目錄

一、左右、言他與人性　020
二、利益、千里與仁義　024
三、好勇、好貨與好色　027
四、環保、有情與王道　031
五、正名、弒君與誅一夫　034
六、哀俑、戾氣與老賊　038
七、股票、罔民與恆心　041
八、取予、天運與災殃　044
九、管仲、晏子與孟軻　048
十、勿忘勿助長——養樹與集義　052
十一、自求多福與自作孽不可活　056
十二、怵惕惻隱與非人之國　060

十三、有了「面子」，壞了「裡子」　064
十四、知識分子的「身段」　068
十五、知錯與改錯　073
十六、風氣——草上之風，必偃　077
十七、行道是不可以枉尺而直尋的　081
十八、大丈夫——無欲則剛　084
十九、語言的弔詭——一傅眾咻　089
二十、交談與辯論——予豈好辯哉，予不得已也　093
廿一、人之生也直——不要委屈自己　097
廿二、廉吏？鐮厲！——廉官殺人　101
廿三、道揆——自尊自信；法守——誠懇無怨　105
廿四、清理生命的磁場——反求諸己　109
廿五、孔子、學生、打冉求　112
廿六、經常、權變與委屈　116
廿七、簡易——生命的本源　120

廿八、對於「貴人」的聯想　124
廿九、君與臣——君視臣如土芥，臣視君如寇讎　128
三十、人、上帝與伊甸園　132
卅一、顏回——精神勝利？道德實踐！　136
卅二、齊人之福？——向墦間乞食的知識分子　140
卅三、語言文字的神力與魔力　144
卅四、名、禮、分際——自守與溝通　148
卅五、教育三要素
——陽光（家庭）、空氣（社會）、水（學校）　152
卅六、學問之道無他，求其放心而已矣！　155
卅七、我們都應住在人性的宅第之中　159
卅八、君子之「所性」、「所樂」與「所欲」　163
卅九、瞽叟殺人、皋陶抓人、舜竊負而逃　167
四十、自由的渴求——逃墨必歸於楊，逃楊必歸於儒　172

「心」是出入無時，莫知其向的，
但「心」卻也是廣包一切的，孕育一切的，
「問心」是向全幅的生活開放，向全部的天地開放。

1 左右、言他與人性

孟子謂齊宣王曰：「王之臣有託其妻子於其友，而之楚遊者，比其反也，則凍餒其妻子，則如之何？」王曰：「棄之！」曰：「士師不能治士，則如之何？」王曰：「已之。」曰：「四境之內不治，則如之何？」王顧左右而言他。

——〈梁惠王篇下〉

而之楚遊者：之，到或往的意思。

比其反也：等到他回來了。反即返，回來的意思。

如之何：猶言怎麼辦也。

士師：即司法官，專管刑罰之事。

治事：即管理刑罰之事。

已之：罷黜他！

孟子的好辯是有名的，他順著人性來思索，而所謂的人性並沒有什麼高超難知，它就在我們當下的周遭。只不過，它有時因為欲求的障蔽而不見了。那要怎麼樣去撥除這些障蔽來復顯那個人性本身呢？孟子首先順著一般人的心思投向身外去看外在的事象，然後就從外在的事象慢慢的抽絲剝繭，最後終而點出了切身的問題。原來，那切身的問題，當事人是很清楚的，只不過不願面對自己罷了。看啊！齊宣王就這樣的「顧左右而言他」，其實我們何嘗沒有過像齊宣王這樣的「顧左右而言他」的時候呢？

孟子問齊宣王說：「您的一個臣子將妻子兒女託給他的朋友，而自己到楚國去了。等他回來時，發現他的妻子兒女正在挨餓受凍，那麼，請問對這樣的朋友，該怎麼辦？」齊宣王毫不猶豫的說：「和他絕交算了。」孟子這一問，齊宣王這一答，標舉出原來我們做道德判斷是極「簡易直截」的，不必拖泥帶水。孟子乘勝追擊，再問：「如果那掌管刑罰的司法官員不能夠把監獄的事情管理好，那應該怎麼辦呢？」齊宣王又毫不遲疑說：「應該撤掉他！」經過這一而再的要齊宣王做道德判斷，他都那麼清楚無疑，孟子認為累積了這股發自齊宣王自身的「道德判斷」所產生之威力，該可以面對自己了吧！沒想到孟子一問：「四境之內不治，那該怎麼辦？」齊宣王竟「顧左右而言他」了。看來，責人容易，而責己難啊！

當然，我們不能說，孟子這番辯詰與反諷一無所用，其實辯詰、反諷的最大效果就是由「話尾」慢慢的溯到「話頭」，然後要從那話頭去正視人人自家的本來面目。

戴了假髮的禿子，久了之後，再也不敢以本來的「光明頂」見人。濃妝艷抹的影歌星，終難洗盡鉛華。人的存在是一件真切而不可已的歷程，萬息薰染，念念相續，了無已時，因而要見自家身心，著實不易。

想想，那齊宣王當下語塞，趕忙換個話頭，顧左右而言他，或許他的內在是愧赧的，是痛悔的；但在一傅眾咻、一曝十寒的情況下，或許這顧左右而言他已不再是愧赧、不再是痛悔，他很可能成了另一種習染而成的機栝，用來抗拒自家生命所明白、所真切悟到的公義標準及道德準則。久而久之，「顧左右而言他」就成了齊宣王的擋箭牌，它擋住了真理的太陽，齊宣王的真我終致一往不復了。

其實，我們可以將孟子的問話，用來追問自己，說：「家境之內不治，則如之何？」或者更直接的問：「身心之內不治，則如之何？」是否我們也是「齊宣王」，也顧左右而言他？善哉！大哉！

2 利益、千里與仁義

孟子見梁惠王，王曰：「叟，不遠千里而來，亦將有以利吾國乎？」孟子對曰：「王何必曰利？亦有仁義而已矣！」

——〈梁惠王篇上〉

孟子：名軻，字子輿，戰國時，鄒人，是儒家學派的締建者之一。

梁惠王：即魏侯，名罃，因建都於大梁，故也稱為梁。

叟：老先生，老人家的意思。

記得些年前讀金庸武俠小說，其中曾有這樣的句子：「當時尚有周天子，何事紛紛說魏齊」。顯然，這句話是挖苦孟軻（孟子名軻，字子輿）的。這樣的挖苦之言，著實令我驚駭了一下。疑團雖說未凝成，但疑點總還在，只是覺得孟軻或許有不得已苦衷吧！人們！總想實現自己，免不了委曲求全呵！但心裡又不敢直將孟軻看作這樣的人，因為孟軻果也如此，與凡俗之人，是又何異？

一朝，我心血來潮，重新披讀《孟子》，見〈梁惠王篇〉首章，忽爾大震（振）。所「震」的是，多年來常講的孟子義利之辨，竟爾被金庸書上的兩句打油詩唬住了，更荒謬不解的是，我竟從凡俗觀點，替孟子開罪，想到這裡，便覺有一份深深的罪過與難言的愧疚。所「振」的是，孟軻當下直斥的說：「王啊！又何必一開口就說利呢？在我孟軻的想法裡，亦只有『仁義』才作得起國家、社會及人民的基礎。」或許，我們怪孟軻冷峻無情味，但這樣的冷峻才不落流俗，才凸顯出道德的莊嚴。

您想，孟軻豈只是一個死守禮法的書呆子？如果是，他又何須不遠千里的到魏（梁）國去勸說梁惠王，當他與梁惠王初見面，梁惠王當頭就問：「老先生，您不遠千里地到我們這兒，想必會給本國帶來很大的利益與貢獻吧！」孟軻心裡一定這麼想：這國君一開頭就恭維起我，說我會給他們帶來利益與貢獻，他會這樣恭維我，可見他是把「利」放在首位的，他必然的也會想到我姓孟的跑了千百里路，也是為得一個「利」字。這如果不來個當頭棒喝，以後還有立足餘地嗎？罷了！罷了！寧可守住陣腳，要作一個大丈夫，也不可枉尺直尋，去作一個妾婦。

是的，孟軻就在這樣的思慮之下，開啟了他的辯論生涯。

03

好勇、好貨與好色

王曰：「……寡人有疾，寡人好勇。」對曰：「……武王亦一怒而安天下之民，今王亦一怒而安天下之民，民惟恐王之不好勇也。」……王曰：「寡人有疾，寡人好貨。」對曰：「……王如好貨，與百姓同之，於王何有？」王曰：「寡人有疾，寡人好色。」對曰：「……王如好色，與百姓同之，於王何有？」

——〈梁惠王篇下〉

寡人：君王之自稱也。

有疾：有毛病。

好貨：愛好財貨。

好色：愛好女色。

時下一般人咸以為所謂的「內聖外王」之道一定嚴肅得不得了，孔孟諸聖賢莫不道貌岸然，頗不平易近人；其實這些印象全然安不上孔孟儒家的身上。您看《論語》中所記載的孔子及其弟子的對話是如何生動。孔子是一個有血有肉活生生的人，正因他是這樣具有生氣的活人，他才能成為所謂的「至聖」，聖是活生生，具有源泉滾滾的生命力所以才叫做「聖」，「聖」不是端坐供桌的牌位，亦不是一般時下所以為的迂夫子。

齊宣王所以為的毛病，正如時下一般以為的毛病——好勇、好貨、好色，但依孟子看來這些都是人生的資具。真好勇的話，不要只是好小勇，而應該好的是大勇，像武王一樣一怒而安天下之民，只怕您沒有這種勇罷了。真好貨（好錢財）的話，讓每一個人都能喜好錢財，而且都擁有錢財，這不但對於王道事業無負面作用，反而有大大的積極性作用。真好色（喜好女色）的話，讓大家能夠「內無怨女、外無曠夫」，大家都能充其情、達其欲，恰當的喜好女色，這對王道之政毫無妨礙，反而人有助益呢！

的確，所謂「內聖外王」之道的落實，原是不離勇氣、錢財與女色的。勇氣使得生命的莊嚴感顯露了出來，錢財富裕了人們的生涯，女色則滋育了人的生命，使之瓜瓞綿綿，永不止息。生命的情、才、欲原亦是美的，只要是可欲（當行的）的，便是善的。暢其情氣，達其才欲，通其道理，情氣、才欲、道理原是通而為一的。試想，有沒有一種人生是既無勇氣、又無錢財，且無女色的人生，離此三者，還算是人生嗎？當然，陷溺於這三者之中而不能自拔，這樣的人生亦不值得過、亦不必過，終而不成為人生。問題的癥結在於我們能不能推擴罷了，能本著生命的情氣、才欲推而擴充之，便是一充實而俊美的人生，孟子所謂「可欲之謂善」、「充實之謂美」都不離此情氣、才欲之推而擴充之也。《易傳》所謂「日新之謂盛德、富有之謂大業」，亦都不離此情氣、才欲之推而擴充之也。

再說，「勇」之德原是與「仁」、「智」並列而為三的，「仁」是一不可自已的道德之怵動與感通，而「智」是理想與現實對比拉扯、張力均衡下的判斷，「勇」則是生命氣力通向實踐的精神。財貨而能潤屋，進而能如禮，更而能有通財之義，《易傳》所謂「義者，利之和也」，或當如此了解吧！男女之欲，自然之情，周公之禮由是成焉！俗語所說「敦倫」一語，何其嘉美、何其吉祥、何其如意也耶！

04

環保、有情與王道

不違農時，穀不可勝食也；數罟不入洿池，魚鱉不可勝食也；斧斤以時入山林，材木不可勝用也。穀與魚鱉不可勝食，材木不可勝用，是使民養生喪死無憾也。養生喪死無憾，王道之始也。

——〈梁惠王篇上〉

數罟：細密的魚網。音ㄘㄨˋㄍㄨˇ

洿池：低而深的池子。洿，音ㄨ。

斧斤：斧，大斧頭。斤，小斧頭。其實就是斧頭與砍刀。

每回，看到有關環境保護的運動消息，就想起孟軻這段話。內心裡，總要扣問：所謂的環境保護，是否仍然停留在一種功利的心態來做事呢？是否也仍是人類近幾百年來威權心態的另一類型表現而已呢？如果環境保護仍只是這樣，那顯然地，它是一種被動而消極的不得已做法。這與孟軻的這段話仍有差距。

孟軻的「王道之始」是建立在人類的「養生喪死無憾」上，這就是對於「人性」的尊重；更值得我們強調的是，原來對於人性的尊重是建立在對於「物性」的尊重，是建立在對於整個大自然的尊重上。人啊！是自然所哺育的天地之子，人啊！須得萬物滋育始能長其生涯！是天地之氣所孕化而成的「天地之英」，是萬物之所哺乳的「萬物之靈」；天地萬物既若是待我，我又何忍以宰制之心，撻伐之器對之呢？人性要求養生喪死無憾，自然萬物也要求養生喪死無憾啊！如果自然萬物養生喪死有了遺憾，由憾而恨，憾恨之餘，恐怕人類要養生喪死無憾，必將求之不可得。

人間有情、萬物有情、自然有情，苟無情何堪成此人間、萬物及自然？我們能將人間、萬物及自然以「您」這樣的邀請來稱呼，建立起一種「我與您」的真存實感，互訴情懷，何事非宜呢!?若仍然以一種「它」這樣的稱呼漠視不管，甚而宰制戕害，那麼，自然萬物的憾恨、反抗，終會回頭來控制了人們，教人們生無所養，死無所位，為時已不遠矣。長久以來，人們已習慣用「我與它」的方式來面對一切，而名之曰：客觀，名之曰：合理；殊不知，所謂的客觀合理竟然充滿著漠視無情、隱含著暴力宰制。其實，無「情」便無真正的「理」，無「主」便無恰當妥貼的「客」。如果不回到「我與您」這樣的真存實感，環境保護只是利害的算計，落入政客的工具，屆時，恐怕自然環境的保護尚未有起色，又有人要高喊心靈環境的保護吧！

05 正名、弒君與誅一夫

齊宣王問曰：「湯放桀，武王伐紂，有諸？」孟子對曰：「於傳有之。」曰：「臣弒其君，可乎？」曰：「賊仁者，謂之『賊』，賊義者，謂之『殘』，殘賊之人，謂之『一夫』。聞誅一夫紂矣，未聞弒君也。」

——〈梁惠王篇下〉

放：放逐、流放。

有諸：有之乎？有這樣的事情嗎？

傳：傳記。

弒、誅：臣下犯上，殺死君王或長上，叫做「弒」。「誅」是討伐罪犯的意思。

賊：戕害。

春秋時的齊景公聽說有個姓孔名丘字仲尼的人在提倡正名思想，這正名思想講的是君君、臣臣、父父、子子，他仔細研究了一下，欣然的聘請了孔先生去。原來，他心裡打的如意算盤是：要是臣子都守臣子的本分、老百姓都守老百姓的本分，他的稅收一定會更多（因再無人虧欠不繳），那真太好了。過了一陣子，朝中的臣子開始覺得孔仲尼這套正名思想對他們束縛太大了，紛起反彈，向齊景公進讒言。齊景公也覺得原來這套正名思想強調的「君君、臣臣」，最先束縛的就是他這個做國君的。他終於接受了群臣的建議，疏遠了孔仲尼，不久，孔先生就離開了齊國。

我每一次讀及上段故事，總有深深的感觸。這段故事載於司馬遷《史記》的〈孔子世家〉，光據這段，我們便可斷定司馬遷是真了解孔子的。相對的，那些號稱前進的知識份子竟以為孔子的正名思想是維護統治階級的，而孔子竟成了為奴隸主說話的，或者更簡單的說，反正「正名思想」就是維護傳統，就是落後。當然，司馬遷的史識與思想深度都不是後者所能望其項背的。令人擔心的倒是，孔先生的黑鍋不知得背到幾時。不過，可以相信的，孔子畢竟是孔子。

齊宣王問孟子：「湯流放桀、武王伐紂，真有這樣的事情嗎？」孟子據史實以告，說真有這樣的事情。齊宣王馬上就轉到「臣子可以弒國君嗎？」這個問題上來，看這句話的語義，好似說君臣名分既定，隨之禮分也定，君必然的就可以宰控著臣子。但從孟子的回答，我們發現到原來君臣之所以為君臣，是因為君君、臣臣，如果君不君，則臣不臣，他們的角色認定是在一個變動的態勢中有所遞轉的。當然這遞轉的核心即所謂的「人性」，即所謂的「仁義」。一個戕害仁義的君主不配擔任君主這個角色，他根本只是「獨夫」（即「一夫」），既是殘賊仁義的獨夫，那當然是可以討伐的，而且是應該討伐的。

原來角色的排定，並無所謂的命定，如果不依其內在應有的本分去做，那麼即使既定的角色仍然是可以遞轉的，尤其當他與人性（仁義）完全悖離時，他必然要接受那來自人性方面的討伐。這樣的遞轉，可能是旋乾轉坤。齊宣王原以為臣不可弒其君，這是春秋大義；而孟子正又秉持同樣的春秋大義，強調不可弒君，但卻可以討伐獨夫（誅一夫），他聽到的是去討伐紂那個獨夫，不是所謂的弒君。

正名之下，人性尊嚴隨之而顯，非弒君也，蓋誅一夫者也。

06 哀俑、戾氣與老賊

仲尼曰：「始作俑者，其無後乎！為其象人而用之也。」如之何其使斯民飢而死也？

——〈梁惠王篇上〉

仲尼：孔子，名丘，字仲尼。
俑：殉葬用的土偶和木偶。
象：即「像」。

那天，妻子拗不過兒子的要求，從店裡買回了一個奇特的玩具，是布製的小黑熊，眼瞼低垂，若呻吟狀，若痛苦狀。我不明就裡，猛問為什麼買這令人看起來不愉快的傢伙。兒子告訴我說：「爸爸！很好玩喔！只要你揍它，它就會發出痛苦的呻吟聲！」說著，他一手就揮過去，驗之信然，聲音淒厲。頓時，我內心有一股說不出的憤怒和難過。是啊！是誰發明了這樣的玩具，說是要給人們洩憤的，我真不懂這樣的「洩憤」方式，到底有益所謂身心健康，還是益增人們的憤激之情呢？那天夜裡，輾轉反側，終而起身，拆開了那布製小熊的機栝，取出了那個「哀鳴器」，心裡好似放下了一顆石頭，終而漸得入睡。

殉葬，依儒家看來，是一件極不人道之事，即使以土偶、木偶來殉葬，孔子都要批判那始作俑的人說：「其無後乎！」這只因那土偶、木偶太像人了。

生命須養得和氣生機在，須得有一份尊嚴和悅在。為了洩憤而壞了和氣生機，而壞了尊嚴和悅，儘管一時之間憤怒消了，但生命中卻因而帶起了一片戾氣，在彼此的相激相盪下，洩憤的模式一旦建立了起來，社會焉有不戾亂者乎？在這樣的心靈環境下，又豈能長出文化的根芽來。

這兩三年來，「老賊」之聲，不絕於耳，其於國會的革新又進步了多少，而社會的戾氣又增加了多少。首先，用「老賊」去稱呼老立委、老國代的是「始作俑者」？還是那些老立委、老國代是「始作俑者」？還是四十年來種種特殊的因緣是「始作俑者」？或許都是，或許都不是，難道上蒼正是「始作俑者」嗎？

07 股票、罔民與恆心

無恆產而有恆心者，惟士為能。若民則無恆產，因無恆心。苟無恆心，放辟邪侈，無不為已。及陷於罪，然後從而刑之，是罔民也。焉有仁人在位，罔民而可為也？

——〈梁惠王篇上〉

恆產：固定不變的產業。

恆心：恆常不變的心意，特別指的道德理念及一般實踐的準則。

放辟邪侈：放蕩、越軌、邪道、妄為。

罔民：罔即「網」，作為動詞，罔民即陷害人民。

股票飆得正狂的時候，工人怠工，農夫怠耕，商人怠商，即如軍公教人員也假公濟私，上班聽行情，掛電話。大部分人直以為不必從事那些實質的勞作，只須操縱一下，在股海裡能蒸騰而上，一本萬利。於是，我們這個社會變了，而最根本的是對於金錢的觀念變了。以前的「所得」是實質的勞作而來，現在好些人的「所得」是從股票的升降關係而來。以前的所得是立基於一個恆常不變的材質之上，而現在的所得是建立在瞬息萬變的股海投機上面。果真，股海未蒸騰前，台灣地區的人性狀態，多少較樸實些、憨厚些，現在則機巧而勢利多了。

股票原是投資，是關聯著恆產的，照理說，該是「有恆產而有恆心」；問題是，經由大戶的炒作，股票已不再是投資，而是投機，它所關聯的不再是恆產，而是賭注，當然作為投機工具的股票也就離其本來面目愈來愈遠，果是「無恆產因而無恆心」了。

台灣這幾年來，就在這種「無恆心」的情況之下，社會上放蕩、越軌、邪道、妄為之事日增月益，已至令人怵目心驚的地步，應驗了孟子所說「茍無恆心，放辟邪侈，無不為已」的話來。更嚴重而令人難過，但又不能不作的是所謂的「掃黑行動」，這豈不又應了孟子所說「及陷於罪，然後從而刑之，是罔民也」（等到他們犯了罪，然後去刑罰他們，這無異是陷害人民啊）。是啊！也要問「焉有仁人在位，罔民而可為也（耶）？」

然而，在其位者的「掃黑行動」只能治標，真正的立本還得從恆產恆心來。股海一旦穩定，股票不再是投機而是投資，工人使其工之，農人則農之，商人則商之，軍軍、公公、教教，各行各業，復歸其所，恆其產、恆其心，這才是「保民而王」（真正的愛護人民而被擁護為政府首長），否則只是「罔民」（陷害人民）的不義獨夫而已！

08

取予、天運與災殃

取之而燕民悅，則取之。古之人有行之者，武王是也。取之而燕民不悅，則勿取。古之人有行之者，文王是也。以萬乘之國伐萬乘之國，簞食壺漿以迎王師，豈有他哉？避水火也。如水益深，如水益熱，亦運而已矣。

——〈梁惠王篇下〉

萬乘之國：擁有一萬輛兵車的強盛大國。

簞食壺漿：古代盛飯竹器叫做「簞」，音ㄉㄢ。食，音ㄙ丶，飯的意思。漿，用米熬成的汁。用竹筐盛著乾飯，用壺盛著酒漿。

避水火：逃離水深火熱的境域。

運：轉的意思，指的老百姓將轉求於他人。其實就是天運必有所轉的意思。

記得念小學的時候，在一個極為偶然的機會，撿到了三塊錢，就當時的幣值及以一個小學生的眼光看來，三塊錢已不算少，當時年紀尚小的我，便高興得不得了。走著走著，就在前頭的攤販邊停了下來開始抽籤賭購玩具槍，先是抽了五毛錢，其中一支籤就只差一號，心想今天的運氣果真不錯，若再抽，一定可以抽到一支自己喜歡的玩具槍。盤算於心，頗以為這是天賜給我的運氣，就這樣我又抽了兩塊錢，仍然一無所得，心裡納悶不解，但不信邪的我，又繼續向前奮戰，心想若不抽到一支玩具槍，絕不罷手。當時，我擔任小學生班級的班長，幫老師保管了一些金錢，口袋中剛好有十塊錢，就這樣子，總共我連抽了十三塊錢的籤，竟然連一支槍都沒有抽到。最後，那老闆看我一無所得，送了我一支小小的玩具槍，價值大概一塊錢左右。我悻悻然的離去，回到家裡為這件事情難過了好一陣子。日後，節衣縮食，將零用金省下來，整整一年，我終於還清這一次所欠下的「賭債」。之後，我再也不賭了。但一看到小孩玩玩具槍，就想起這件往事。

是啊！撿到了三塊錢，好似上天所賜，猶如「天予之，不取必有天殃」。問題在於取是取了，但如何「居其所取」啊！我竟因不善於「居其所取」，沒有好好的處理這個意外之福分，結果竟因這個意外之福而惹來了嚴重的禍害，還好我當時沒有去偷錢來彌補所輸掉的十三元，否則，說不定問題更為嚴重了。

齊宣王五年，燕王噲將王位讓給他的相國子之，由於國人不服，將軍市被及太子平進攻子之，子之戰勝，殺了市被及太子平，齊宣王趁人之危，派匡章攻打燕國，很快取得了勝利。

就整個事情分析起來，這已是勝之不武，齊宣王竟然說這是天運，而且意圖占領它。孟子很清楚，所謂的「天運」咸在於人，取不取，亦在於人們自家的心性上做功夫，當然王道之事必然的要驗諸姓萬民，看他們的意向如何。「取之而燕民悅，則取之」，「取之而燕民不悅，則勿取」，況且燕民之所以簞食壺漿以迎王師，為的是避水火，為的是逃離如水火般的困境，如果水使之愈深，火使之愈熱，到頭來，天運亦可能轉成天殃，可不慎歟！後來，果真由於齊宣王不能使燕民悅，而引來了諸國的圍攻，釀成了災殃。

取予之際，或有天運，但善居之，可以成此天運也，不善居之，則天運正是天殃的前奏呢！

09 管仲、晏子與孟軻

或問乎曾西曰：「吾子與子路誰賢？」曾西蹵然曰：「吾先子之所畏也。」曰：「然則吾子與管仲孰賢？」曾西艴然不悅，曰：「爾何曾比予於管仲？管仲得君如彼其專也，行乎國政如彼其久也，功烈如彼其卑也；爾何曾比予於是？」

——〈公孫丑篇上〉

曾西：即曾申，字子西，魯人，曾參之子。

管仲、晏子：前者為齊桓公之相，後者為齊景公之相。

記得以前讀陽明先生年譜，其中謂及先生年幼入塾，忽一日問塾師：什麼是「大下第一等事」。塾師告之以「讀書考功名及第」。年幼的陽明頗不以為然，他覺讀書登第只是世俗功利之心，何稱得上天下第一等事。這天下第一等事的問題感終使得陽明終其身努力追尋，而於龍場驛的石棺中悟得格物致知之旨（致良知），開啟了「即心即理」、「知行合一」的學說。

「管仲、晏子之功，可復許乎」，這樣的一句話，對一般人或許是大大的恭維了，但聽在孟子耳朵裡，簡直是「聽之若浼」（好像那爛泥巴糊在耳朵上），但孟老夫子並不因而即震怒，他只是笑著說：「像你們這些齊國人就只知道管仲與晏先生！」其實管、晏只是俗事場中的佼佼者而已，是稱不上所謂聖賢的。只不過，孟老先生不好直接說明，於是他先通過了對比的方式，說：

有人問曾參的兒子曾西說：「你和子路先生比較起來，誰來得賢德些呢？」曾西皺了一下眉頭，心想那子路先生在孔老夫子面前常與我父親強答問題，態度不免操切些，但再怎麼說，他總是真誠惻怛，勇於實踐的啊！就連我父親都敬畏他啊！曾西就這麼答覆那個問他的人。之後，那人又問：「那麼曾西先生，您與管仲誰來得賢德？」曾西很不高興的說：「您怎麼可以拿我和管仲相比呢？像那管仲得到國君的專寵，施行國政那麼的久，然而功烈竟那麼的卑微；您怎可拿我與他相提並論呢？」

孟子借曾西之口說了這麼一段，又說「像管仲，即如曾西都不願為之，而你以為我願意為之嗎？」須知，儒者之行，旨在立德，惟立德便有立功、便有立言，所謂「仁者，必有勇」、「有德者，必有言」是也。反正，惟立功不見得能立言，惟立言不見得能立德，即所謂「勇者，不必有仁」、「有言者，不必有德」是也。

在《論語》裡，也有人問孔子「為何不去推行政事」，孔子引了《尚書》中所說「孝乎惟孝，友于兄弟」的話，緊接著又說「推行出去，便是所謂的政事啊！為什麼一定要當官從政，才叫從政呢？「儒者的理想是在孝弟、是在人倫教化，而不在功利、不在名位。」

孟子有一次舉行了一場記者招待會，聲明他的儒家立場，他說：「君子有三件令人愉悅而快樂的事情，但統治天下這件事情不包含在裡頭。第一件是父母俱在，兄弟無故。第二件是仰不愧於天、俯不怍於人。第三件是得天下英才而教之。最後，我還要宣稱『統治天下不包含在這裡面』（王天下不與存焉）。」從這裡，我們可發現孟老夫子把儒家的範圍放在孝弟倫常之道、對得起天地良心及社會公義，暨文化教養之上。

不過，我總覺得，二千多年後，這樣的記者會似乎仍待召開，而且亟待召開。

10 勿忘勿助長──養樹與集義

告子未嘗知義，以其外之也。必有事焉而勿正，心勿忘，勿助長也。無若宋人然：宋人有閔其苗之不長而揠之者，芒芒然歸，謂其人曰：「今日病矣！予助苗長矣！」其子趨而往視之，苗則槁矣。天下之不助苗長者，寡矣。以為無益而舍（捨）之者，不耘苗者也；助之長者，揠苗者也。非徒無益，而又害之。

——〈公孫丑篇上〉

告子：孟子學生，姓告，名不害，「性無善無惡論」的主張者，連帶地，他主張「仁內義外」之說。

閔：同憫，憂心、擔心之謂也。

揠：拉拔也。

凡屬於一根源性的東西，便都會以一源泉滾滾、沛然莫之能禦的方式，一直存在著。或許，時日已久，但它卻仍然敲動著您的心扉，向你展現著它的生命，而它的生命其實與你的生命是一起成長的，就這樣子，我一直念念不忘小學時候所讀及的一幅連環圖畫，它極精巧而絕妙的訴說著「自然的成長」便是真切之美，而這真切之美便充滿了源泉滾滾的生命力。

那幅連環圖畫的總題名為「植樹節」，第一幅是「一個小孩正在種樹」，第二幅是「來了一條小狗把新種的樹拖走了」，第三幅是「那個小孩又種了一棵樹，並用小柳枝圍在旁邊作為『欄杆』」，第四幅是「那小孩日日勤勤澆水，並且用手去搖動那棵小樹，看生長了多少」，第五幅是「那棵小樹竟枯死了，而作為欄杆的小柳條竟然發芽了」。記得當時只覺得這幅圖畫極為有趣，妙在何處也說不出來。但隨著年歲的長大，我愈來愈覺得這幅連環圖畫的智慧使我受益不盡，它果真是一源泉滾滾、極富創意的圖畫，它伴隨著我生命的成長而成長。

第一幅的「種樹」象徵著一種成長。第二幅被狗拖拔起來，意味著遭到劫難。第三幅象徵著再度播種、創造，並加之以一生命之衛護。第四、五幅清楚的顯示，心態的急切使得原來的生長東西沒得生長，甚至因而斷送了生長的可能性。倒是自自然然，在雨露的澆灌下，生命便暢達而自然的生長起來。

後來，進了中學，我讀及柳宗元的〈種樹郭橐駝傳〉更有所感。郭橐駝善於種樹，他種的樹再怎麼搬運遷移都活得很好；而且長得很碩壯強盛，既早結實，結得又多。如他所說，他不是有什麼特殊的法子能使木「壽且孳」，只不過他能「順木之天以致其性焉爾」。他的理論是這樣子的：「凡植木之性，其本欲舒，其培欲平，其土欲故，其築欲密。既然已，勿動勿慮，去不復顧。其蒔（種也）也若子，其置也若棄，則其天者全，而其性得矣。故吾不害其長而已，非有能碩而茂之也。不抑耗其實而已，非有能蚤（早）而蕃之也。」

孟子在「知言養氣」章中，一再的提到「是集義所生，非義襲而取之也」，義是內在於吾人生命之中的，只須保住它，它便自然成長，並不是以外在條目的方式壓抑自己。最好的方式是在具體的生活世界中，順時而行，不要強抑自己、壓迫自己，所謂的「必有事焉而勿正，心勿忘，勿助長」正是這個意思，孟子所舉「揠苗助長」的故事，更是生動的揭露了這個道理。

真的，「天下之不助苗長者，寡矣。以為無益而舍（捨）之者，不耘苗者也；助之長者，揠苗者也—非徒無益，而又害之。」

11 自求多福與自作孽不可活

> 詩云：「永言配命，自求多福。」太甲曰：「天作孽，猶可違；自作孽，不可活。」此之謂也。
>
> ——〈公孫丑篇上〉

永言配命：永遠與天命相配。言，語助詞，無義。

作孽：所降作的災害。

違：離開，逃離。

記得小時，老祖母最常講的兩句話是「福是自積的，禍是自找的」。當時總覺得這不免說教，但隨著年紀的增長，愈覺這些老生常談的俗語，都是真話。原來平常心是道，平常說的話語就是真理。只不過，平日聽多了，就滑過去，而一無感覺。往往，事到臨頭，再覺察已遲了！

日前，讀及李卓吾的《史綱評要》，中有一則云：「齊人少翁以鬼神方見上，拜文成將軍，嘗為帛書飯牛。佯不知，言曰：『此牛腹中有奇，殺視，得書，言甚怪，天子識其書，誅之。』」之上眉批曰「快暢」，我覺這「快暢」二字著實生動。原來生命之為生命，便是正直而通達的，是向上而條暢的，弄得扭扭曲曲、歪歪斜斜，本來就不是個道理，上蒼亦不欲如此。上蒼雖不欲如此，但陰陽之氣的升降起伏，或有變異奇詭，但是，畢竟它還是冀望歸復於恆常的。因此，我們深深知道「飄風不終朝，驟雨不終日」，只要我們能因其機而避之，就能歸根復命，尋得如常之道。曉得這道理，自然知道「天作孽，猶可違」，所言何為？天之作孽本是變異奇詭，邪而不正，若能貞守此凶厄之事，自亦能歸復貞一之處，澹然居之。像前述這則故事，分明是「自作孽，不可活」！以鬼神方見上，因而拜受文成將軍，此鬼道也。鬼道而有鬼氣，纏之不去，本來就是不祥之兆。他再次作孽，又以帛書飼牛，再種詭異之道，終而為天子識破，最後被誅殺。人所自招之鬼，雖欲揮之而不可去也，況不欲揮之，而復招之者乎？這不就是老祖母說的「禍是自找的」嗎？這樣的老生常談，竟有如此深深的意涵。

中國人有關「氣」的哲學內涵中，強調的是「感通」。一般而言，中國人以為人是得陰陽五行之秀氣而最靈者，人不只是順著自然之氣的決定而行，人更能參贊此自然之氣，使之調適而上遂之，最後能通極於道。人是能與天命相配，而自求多福的。若人能在自然的氣運行程中，取得了生命之貞定，而即使遇上了艱困的難題，亦能克服。若不能取得生命之貞定，只順自然之氣的機栝而走，則浪生浪死，隨俗浮沉而已。尤有甚者，自作孽則不可活矣！這是生命之氣的破裂與歧出，自我疏離，而喪失了自己，則喪失了自己則可說形同毀棄了自己，此所謂「不可活」也。

讓國，如堯之禪讓於舜，舜之禪讓於禹，美善之事也，順乎天而應乎人，是永言配命，自求多福。如果像燕王噲之讓國於其相子之，竟招來幾近亡國之禍，逆乎天而違乎人，此自作孽而不可活者也。可見「道德」無常行，惟其所當行為常行是也。道德不是定常要怎麼樣，而是該怎麼樣就怎麼樣，要不然，惹得以理殺人，也以理殺了自己。

12

怵惕惻隱與非人之國

所以謂人皆有不忍人之心者，今人乍見孺子將入於井，皆有怵惕惻隱之心。非所以內交於孺子之父母也，非所以要譽於鄉黨朋友也，非惡其聲而然也。由是觀之，無惻隱之心，非人也；無羞惡之心，非人也；無辭讓之心，非人也；無是非之心，非人也。

——〈公孫丑篇上〉

不忍人之心：憐憫他人之心。

乍見：乍，忽然。乍見是忽然而見，無任何心機而見也。

孺子：幼子。

怵惕惻隱：驚駭痛切而哀憫同情。
內交：內即納，即結交，結納的意思。

我在大三的那一年夏天，一個中午，我正要橫過馬路。「嘎！」一聲，街上的汽車猛地煞住，說時遲，那時快，一條小狗淒厲的哀叫了兩聲，跳仆到路邊，倒了下來。唉！一股說不出而又不可自已的驚駭、哀痛、悲憫湧泉般的襲上心頭，雖欲救之，而不可及，只是黯然悲傷，一個活生生的生命，就此結束了。隨著揚長而去的汽車，狗的生命就此去了！

生命內在的不忍之心，豈是不忍人之心而已呢？充極而盡必有不忍萬物之心，因為原來人的生命就是喜愛活生生的、源泉滾滾的，一直萬向無限，豈可頓然斷裂而入於陰暗不明之境呢？

經過了大三那次事件之後，每再讀及《孟子．公孫丑篇》「乍見孺子將入於井」一章，便有著一幅不可揮去的景象現諸面前。想孟子之能以「乍見孺子將入於井」一章來指點人性本善，必有真情實感的經歷在。這個真情實感經由文字的鋪陳，教人在此情境中蘊納接受「人性本善」的道理。不！不應該說是「蘊納接受」，而是點燃了人性的亮光，照耀了人人自家的生命。這股明亮的可能性是自家原來就有的，它只是個怵惕惻隱、只是個驚駭哀憫便是。這是人人心中的燈塔，照亮自己，也照亮別人。他與那孺子之父母何干，與鄉黨鄰里無涉，非關聲譽言說，只是個當下，當下便直地認取。

去年的夏天，我已在學校任教有年，走出了校門，大三時候的事件再度重演了，內在的傷痛哀憫仍然，但卻更為無助。因為伴隨著那條狗被車子輾了，緊接著跑來了好些人，他們有說是三點正的時候被撞的，有的說是三點五分，另外我又聽到吱喳的人群聲中，有人喊著「明牌、明牌、三十九」。又有人說「二十七」，又有說「三十五」、又有人說「二十九」。我起先，聽也聽不懂，詳細問了一下，原來他們因著這個機，在押「大家樂還是六合彩」的「謎」，聽他們說很準的。「三十九」的人主張說是「三點正，又是一條狗，狗就是九（按：閩南語狗、九諧音）」。「二十七」的人說「三、九，二十七」。「三十五」的人說「三點零五分，三十五」。「二十九」的人說「一隻狗，一十九」（按：諧音）。他們談笑著、爭鬧著，我只內在裡吶喊著「今人乍見孺子將入於井，皆有怵惕惻隱之心……無惻隱之心，非人也；無羞惡之心，非人也；無辭讓之心，非人也；無是非之心，非人也」。孟子啊！您可知之，您的文化古國，現在正是非人之國，以不忍人之心，處此非人之國，其又奈何？哀哉！慟矣！慟矣！

13

有了「面子」，壞了「裡子」

子路，人告之以有過，則喜。禹聞善言，則拜。大舜有（又）大焉，善與人同，捨己從人，樂取於人以為善。自耕、稼、陶、漁，以至為帝，無非取於人者。取諸人以為善，是與人為善者也。故君子莫大乎與人為善。

——〈公孫丑篇上〉

子路：孔子弟子，姓仲名由，字子路，是個勤於實踐的勇者。

禹：夏的開國國君，大禹治水，功績斐然，眾所皆知。

舜：孟子書中將「舜」刻畫成一個大孝子，是人倫的楷模。

隨著年紀的增長，最令人擔心的一件事是：愈來愈少人願意指出你的缺失與過錯。或許因為太多人習於到別人對他的讚美，而不能接受別人對他的指責，漸漸地，人們養成了一種默默對待別人的缺失與過錯，不願告訴他，卻又不能融化它，終而在背後說他，甚或留在心裡憎恨他。原來，「人之生也直」，現在卻變得曲曲折折，甚至滯塞不通，人的本性因之而逐漸隱晦難明。啊！原來當人們愈固持著自己的「面」，他的「裡子」就逐漸模糊，甚至潰爛。

孟仔在這裡告訴我們三個道德實踐的勇者，子路是「人告之以有過，則喜」，而「禹聞善言，則拜」，「舜，善與人同」。這裡的子路，坦蕩而光明，他一聽到別人告訴他有了些啥過錯，他馬上想到的是因此而可以改過；改過就好像除去了人生路途中的「石頭」一樣，既除去了石頭的障礙，人生的路途便平坦多了，這豈能不欣慰而喜悅呢？大禹則孜孜為仁，勠力不倦，聞善言，則拜受之。善言所以興發志氣，豁顯生機，能聞此善言，當然拜受之。「拜」是生命的一種「敬重」、「自愛」，聞善言，而拜受之，這是由別人的言說，而使我起生命的敬意，見生命之莊嚴。

舜的生命格範猶愈於大禹、子路，子路只是個「勇」，而大禹則是個「勤」，舜則是和風春日，與人為善，善與人同。人原來是一樣的，見及此就是善。能見及此，便能捨己從人，能捨己從人，生命便不泥於自家圍牆中，因之而能樂取於人。取於人不是巧奪於人，而是與人為善。是讓人能見到人本來是一樣的，而後叫他順著這個一樣的本來面目去做，做得出去，就是善。善就只是「與人」而已啊！能同心協力的把生命的本來面目在人倫日用中走它一遭，這就是善啊！善就是這樣子的擴充出去啊！

以前總不瞭解為什麼孟子定要塑造一個孝弟楷模——「舜」出來，終而慢慢瞭解，因為儒家就只是個孝弟之道，只此孝弟之道便盡了萬事萬物。「孝」是對其生命根源的崇仰與尊敬，「弟」（悌）是依其生命根源而條暢於世。前者是返本，後者是達末。前者是承體，後者是啟用。推而擴充之，可以保四海，而王天下。原來，孟子的政治理想不是統治與宰制，而是教化與敦德，教化、敦德，孝悌而已。當然，會有人質問：歷史上的舜，真如《孟子》書中所塑造的那樣嗎？是否有神化或聖化之嫌？其實，神化或聖化，是又何傷，「舜」只是個「孝弟」的人格象徵，又何須斤斤計較呢？但不知，這些不善讀書者，這些枝蔓紛歧的魯莽之士，是否能如子路一樣「人告之以有過，則喜」。果如此，則吾國知識界、文化界庶幾有望焉！

14 知識分子的「身段」

天下有達尊三：爵一，齒一，德一。朝廷莫如爵，鄉黨莫如齒，輔世長民莫如德。惡得有其一以慢其二哉？故將大有為之君，必有所不召之視；欲有謀焉，則就之。其尊德樂道，不如是，不足與有為也。……湯之於伊尹，桓公之於管仲，則不敢召。管仲且猶不可召，而況不為管仲者乎？

——〈公孫丑篇下〉

達尊：公認為最所尊貴的。
爵：爵位，指政治社會之地位。
齒：年齡，指年紀之長幼大小。
德：道德，指生命修養及倫常教化之境界。

惡：音ㄨ，「怎麼」的意思。

慢：輕慢，侮慢，不經心的意思。

孟子到了齊國，正盤算著要不要去朝見齊王。沒多久，齊王先派了使者來說：「齊王本要來看您，但受了涼，不可以吹風。如果你肯來朝見齊王，那齊王也將臨朝一見，就不知道國君能不能看到您？」孟子想了一下，本來是可以去探訪齊王的，但現在聽使者的意思，好像是命令我去見齊王的意思，我若這樣去見齊王，便也失掉了應有的知識分子的尊嚴，便對使者說：「不幸得很，我也生了病，不能到朝廷去看齊王。」

第二天，孟子正要到東郭大夫家去弔喪。公孫丑說：「昨天您推託說生了病不能見王，今天竟去弔喪，這大概不太好吧！」孟子便回答他說：「昨天是生病啊！今天好了，為什麼不去弔喪呢？」是啊！孟子昨天是生了病，但這病是心病，不是身病，是因為齊王不夠尊重而生的病。今天面對其他事務，病已經好了。

孟子出門沒多久，齊王派遣的醫生來了。孟子的學生孟仲子只好撒謊說：「昨天接著了國君的命令，但身有微恙，沒辦法上朝。今天病稍好了，便急得上朝去了，我也不知道是否到朝廷了呢！」這群醫生看著孟仲子，知道其中必有蹊蹺，便託詞不走。孟仲子一想待會兒孟老師回來，豈不穿幫！便急忙派人在路上攔截孟子，告訴他，千萬不可回來，趕快到朝廷去。孟子不得已便到了景丑先生那兒借宿。

景丑先生就說：「在內的父子，在外的君臣，這是人之大倫。父子主恩，君臣主敬。我看到國君很禮敬先生，但沒看到先生怎樣來禮敬國君。」孟子聽了感歎的說：「唉！這是什麼話呢？我看齊國人沒有拿仁義來和國君談論的，難道他們都以為仁義不好嗎？其實不然，他們的心裡總想著『何足與齊王說仁義呢』，這才是大大的不敬呢！我要不是堯舜之道，不敢將它奉陳於國君，是故齊國人沒有一個比我禮敬國君的啊！」

景丑又說：「不！話不能這麼說！照禮來說，父親召喚，連答應聲都來不及回答就要前往；國君召喚，不待車駕整理好，就趕忙著要去。於禮來說，本來就應去朝見國君的，竟然一聽到了國君的命令，卻反而不去了，這大概不合古禮吧！」

孟子聽了景丑的話，接著說：「怎麼是這樣子說的呢？曾子說『晉楚之富，我雖不及，但他以其富，而我以其仁；他以其爵，我以其義，我又有什麼比他少的呢？』這些話難道是不義（沒道理），而曾子只隨便說說嗎？或者是有些道理吧！天底下有三件大家認為最尊貴的：爵位是其一，年紀是其一，而德行又是其一。朝廷重視的是爵位，鄉黨鄰里以年長為尊，而輔世長民必以德為尊，怎可以有其一而輕慢其他二者呢？因此想要大有作為的國君，一定是有些他所不能召喚的臣子；想要有什麼大計畫，就親往請教他。要是他尊德樂道的程度不到這個地步，便不足與有為。因此，商湯對於伊尹，是先向他學習，然後再以他為臣，所以能不勞而王；齊桓公對於管仲，也是先向他學習，然後再以他為臣，因此不勞而霸。現在天下的幾個大國：土地差不多大，風格也不相上下，誰也管不了誰，只因為大家都『好臣其所教，而不好臣其所受教』（只喜好那些乖乖聽話受教的臣子，不喜歡那些會回過頭來教導他的臣子）。像商湯對於伊尹，桓公對於管仲，都不敢召喚。連管仲都不可以召喚，更何況那個不願意拿管仲自比的人，豈能召喚呢？」

每一次讀及這段話，總從心中迸發這樣的句子：知識分子是有身段的，而且是要有身段的，尤其對那些統治者更要有身段。當政者喊著說「放棄知識分子的身段吧！」這恐怕正是那些當政者的在塑造自己身段的口號吧！今之所謂學者，可不慎歟！

15 知錯與改錯

「仁智，周公未之盡也，而況於王乎？」「周公，弟也；管叔，兄也。周公之過，不亦宜乎？且古之君子，過則改之；今之君子，過則順之。古之君子，其過也，如日月之食，民皆見之。及其更也，民皆仰之。今之君子，豈徒順之，又從為之辭。」

——〈公孫丑篇下〉

仁：仁者愛人，具有性情、能愛人之人。

智：智者知人，具有智慧、能知人之人。

順之：將錯就錯的意思。

食：即「蝕」，古書常寫成「食」。

為之辭：找理由辯護。

生命要歸回正格，其實是很容易的，就像原來的烏雲，一旦散去，陽光的明媚絲毫不減；但問題是，常常有許多人硬是將那「遮掩」守得很緊，終使得生命的扭曲成了無法挽回的慣性。

這樣的慣性又常於領著人們去做種種判斷及思考的活動，但我們發現當與經典之光相互照面時，那個慣性得到了照射，終而融化了，人性的光輝因之而再現了。

有人就說像周公這樣的偉人，他要他的哥哥管叔去監管殷地，結果管叔竟藉著殷地而叛亂；像這樣，要是周公老早就知道管叔會叛變，還派他去，這不是故布圈套嗎？這不是不仁嗎？如果周公不知道他（管叔）會叛變，竟找他去監管殷地，那周公豈不是少了知人之明嗎？總而言之，周公要不是不智也就是不仁，仁、智這兩者，他總沒做好就是了。像這樣的問題，聽起來振振有辭，好似周公不仁、不智似的。

孟子的回答不是這樣的，孟子以為周公再怎麼說也不忍心去懷疑他的哥哥管叔會做出那樣的事來，他以為唯有真正的信賴才能促使一個人向上、向善。這個用心的確難得，不過，周公這想法是錯的，錯，不錯在他之相信他的哥哥，而是錯在他的哥哥不如周公之所想，因此這並不傷周公之仁，亦不傷周公之智，這就像太陽總有被雲層遮蔽的時候，或者像日、月之蝕一樣，總有回復其「圓」的時候。換言之，真正的仁是愛己而愛人，真正的智是知己而知人，更重要的是「知過而能改過」。原來，過錯是不可免的，知錯改錯，前者（知錯）亦是「智」，後者（改錯）亦是「仁」，這不就是「仁且智」了嗎？

面對錯誤，最好的辦法是承認它，唯有承認才能放下，唯有放下，才有新生的可能。

記得報載有一位死刑犯逃獄多年，終而被捕歸案，他接受記者的詢問時，說在落網的那一刻，他真有天清地寧的感覺，他覺得這是他應有的下場，他接受這個下場，因為他已經勇敢的面對了自己，錯誤因之而從他的靈魂之體褪落，他回復了自己的本來面目，因此，他覺得天清地寧。不過，他還是覺得後悔，因為畢竟時間晚了點，他已喪失了機會。他呼籲人們早些面對自己的過錯，免得愈陷愈深，而來不及了。

原來，及早面對自己的過錯，便是仁，便是智，怪不得孔老夫子會說「知過能改，善莫大焉」！

16 風氣——草上之風，必偃

上有好者，下必有甚焉者矣！君子之德，風也；小人之德，草也；草上之風，必偃。

——〈滕文公篇上〉

上：指居上位之人，領導者的意思。

好：讀為ㄏㄠˋ，愛好、喜好的意思。

下：指居下位之人，被領導者的意思。

甚焉者：比起前者，更為厲害的意思。

草上之風，必偃：意指草必隨風來的方向而伏倒。

依照中國哲學的共識，「氣」這個字眼可以說是頂常被使用到的了。高興時，我們說「神氣」，擺闊時，我們說「闊氣」，連著運來說，我們說「運氣」。無疑的，「氣」指的是一種精神或心靈的狀態。有氣有息，和而成一個流動，我們就管這樣的流動叫做「風」。「風」原來就是一種氣息的相互感通下的一種傾向，這樣的一個傾向，是不可自已的。它具有一薰習的能力，甚至是無孔不入的。它之無孔不入的情形，有時真令人吃驚。

日前，內子告訴我說：我們的墾兒對他的弟弟越來驕橫，動不動就用厲聲的語氣來教訓弟弟，並說這是我所造成的。我直覺得不可能，我又沒教他那樣，再說，我還常常強調兩個人要和好相處呢！內人說：你想想，你是不是厲聲的責罵過他們，尤其每回你在趕文章時總是如此的，你果真也貫徹了你的意志，使得他們兄弟倆噤若寒蟬，你以為為了一件最重要的事情，就可以不去尊重人，你說是嗎！因為你無法把對於人的尊重擺在第一位，自然的就透露出一種訊息，這訊息就深深的影響了壐兒。我想了一想，倒真是這樣，原來語言的作用是其次的，人格所散發出來的氣質風範，那才是最為重要的，而且有絕對的影響力。

內子要我改變一下，在自己很忙的時候，更應該以冷靜的態度來面對壐兒跟耕兒，不要用喝斥的方式來對待他們，自然的，壐兒也就不會以喝斥的方式來對待耕兒。我試了一陣子，發現果真如此，壐兒已不再用喝斥的方式來對待耕兒。當然，更重要的是我已不會再以寫文章為重而需要發脾氣了；還有，因為小孩的緣故，我更發現到原來一向最為強調民主自由的我，根本沒有建立起一溝通的公共空間，因為此，我常常落入對於小孩行為的求好陷阱而不察，以致不能使得小孩在一溝通良好的公共空間中，身受健全氣息的薰染，而自然成長。

的確，如果我們的立法院中的爭議能多一點所謂的「良性溝通的公共空間」，而少一點暴力，大家就不會認為暴力有理了。雖然，一般社會的暴力類型與立法院中的暴力是不同的，但暴力之所以為暴力，都具有一股不可言喻的惡性氣息，這股氣息常會相互薰染，終而造成嚴重的負面影響。相反的如果立法院乃至其他上層階級的機構，果能建立起一良好的溝通空間的話，儘管其各自有所不同，但其氣息卻能相互的薰染，終而造成嚴重的負面影響。相反的，如果立法院乃至其他上層階級的機構，果能建立起一良好的溝通空間的話，儘管其各自有所不同，但其氣息卻能相互的薰染，而漸趨於善。孟子說得好：「君子之德，風也；小人之德，草也；草上之風，必偃。」思之再三，寧可不好自為之呢！

17 行道是不可以枉尺而直尋的

枉己者，未有能直人者也。

——〈滕文公篇下〉

記得每回與學生講到劉備三顧茅廬訪求諸葛亮時，總有學生是這樣問的——這未免太過了，而且諸葛亮未免擺了太高的架子，要是劉備只去了兩次，他不就沒機會出山了嗎？他不就沒機會為天下百姓做事了嗎？這不是很可惜嗎？再說，要不是他的同學徐庶向劉備推薦，我看諸葛孔明也只能躬耕臥龍而已吧！

其實，這段問話已反應了現代人的現代病，誰說知識分子一定要汲汲營營於所謂的「救天下」，更何況救天下該援之以道，而不是援之以手啊！所謂援之以道，那是得志，澤加於民，不得志，則修身現於世，哪裡需要去汲汲營營呢！孔明說得好，他是「苟全性命於亂世，不求聞達於諸侯」，這是亂世修道的做法，當然，一方面隱含著知其不可而為的毅力，但最可貴的是還有一份天長地久的寬舒精神，這是平平放下，一切坦然，孔明假使沒有這份坦然，如何成其為孔明呢？

換言之，孔明根本不急於出山入世行道，而且他深知若欲行道，定不能枉尺而直尋，劉備來訪，一次、二次皆未遇，果真，劉備有一、有二，但卻沒有了三，那也就算了，何必在意呢！這份可以不在意也可以就算了的風範，正是孔明之過於人的地方，也因如此，他能在時勢凶惡的情況之下，鼎足三分，為人間留下一點正氣。就因為這份灑脫與放下，使得事無必然，但理卻有可然。當然，諸葛亮之真空城計，亦復如此，這都必須要有一份灑脫與放下，才為可能的。

再說，我們可以設想要是孔明枉尺而直尋，急得要行道，恐怕無機會，不等劉備三顧茅廬，便屈致往見，他自然也就不能在這惡劣的環境下，完成其自己所設想的隆中之策。更為重要的是，這麼一來，歷史上的孔明就必須改寫，換言之，就沒有孔明這個風範。然而，孔明的成就，若論其當世之功，畢竟有限，但真正影響的卻是他的風範，沒有那份瀟灑，哪來那份嚴肅，又哪裡可能成就這個風範呢！明顯的，孔明是把自己定位在「行道」，而不是把自己定位在「立功」上，立功必有待於人，行道則「責之在己」，行道者必有功，此之謂聖功，立功者不必能行道，只是人間世事上的頭出頭沒而已。

18 大丈夫——無欲則剛

景春曰：「公孫衍、張儀豈不誠大丈夫哉？一怒而諸侯懼，安居而天下熄。」孟子曰：「是焉得為大丈夫乎？子未學禮乎？丈夫之冠也，父命之；女子之嫁也，母命之，往送之門，戒之曰：往之女家，必敬必戒，無違夫子；以順為正者，妾婦之道也。居天下之廣居，立天下之正位，行天下之大道；得志與民由之，不得志，獨行其道。富貴不能淫，威武不能屈，貧賤不能移，此謂之大丈夫。」

——〈滕文公篇下〉

景春：與孟子同時候的一個縱橫家。

公孫衍：即魏國的犀首，是當時的著名說客，曾為秦國的大良造官，又曾配五國相印。

張儀：魏人，遊說諸侯與秦連橫，因而成名。

丈夫之冠也，父命之：謂男子行冠禮時，父親予以訓導教示。

往之女家：女，即汝，妳的意思，是說到了妳以後的婆家。

必敬必戒：一定要小心翼翼，敬慎警惕。

汪：搖亂。

屈：屈折。移：移動。

「一怒而諸侯懼，安居而天下熄」，這是何等氣概，或許這就是所謂的大丈夫，但孟子對於景春這樣的論點卻給予一當頭棒喝。換言之，孟子並不像一般人一樣，從誰的勢大誰就是大丈夫去看問題，他從另一個角度去看問題。他以為唯有這樣的角度才是所謂的儒者大丈夫的角度。

依孟子看來，公孫衍或張儀都算不了大丈夫，而只是個妾婦，就像女子嫁人時一樣，母親一定會叮嚀她說，去到了夫家，一定要謹慎小心，不要違背了妳的先生。像這種以順為正，便只是妾婦之道，根本稱不上什麼大丈夫。孟子這樣的說法，似乎與景春最先的「一怒而諸侯懼，安居而天下熄」的說法，恰好相反，真讓人懷疑，他們是否有自說自話的嫌疑。其實，這不是孟子、景春兩人自說自話，而是孟子他真看到了這些行縱橫之術的人，外表上是如何的「一怒而諸侯懼，安居而天下熄」，但是骨子裡，卻是怯懦的，因為他們真正的「本」被掌握在君主的手裡。換言之，相對於國君，他們只能是國君的奴僕或是小妾罷了，孟子判之為妾婦之道，這是極為恰當的，這是掃除了迷霧，真正洞察了本質。

孟子以為若不是真正能自我作主便稱不上所謂的「大丈夫」，而所謂的自我作主，其實是以整個天下之事為己分內事的，是將自己擺到整個天下，融合為一，而加以理解的。正因為這個樣子，所以他提出了「居天下之廣居，立天下之正位，行天下之大道」來作為大丈夫的判準。孟子以為「天下之廣居」是什麼呢？無他，所謂「天下之廣居」，就是所謂的「仁」，孟子不是說過「仁者，人之安宅也」；仁指的是一種來自生命內在聲息的互動感通，是一不可自已的要求，要求著你與外在的人事物，融合為一。這樣的一個要求，已預取了一個最為寬廣的存在情境，此即是所謂的「天下之廣居」，能居此廣居，自然就站在此正位上，故云「立天下之正位」。至於所謂的「行天下之大道」所指的正是「義」，因「義者，人之正路也」，「義」乃是人們所應遵循的人間正路，一方面，它是人與人溝通的恰當管道，另方面，它又是人與人之間的判準。

這麼說來，孟子所說的大丈夫之能「居天下之廣居，立天下之正位，行天下之大道」，這完全是內在的，而不是附在的，是求之在己的，不是求之在人的。就憑著這一點，所謂的「大丈夫」也就能夠「富貴不能淫，威武不能屈，貧賤不能移」。其實，這亦如孔子所謂的「無欲則剛」，不外求，自然也就沒有什麼好軟弱的。

19 語言的弔詭——一傅眾咻

一齊人傅之，眾楚人咻之，雖日撻而求其齊也，不可得矣；引而置之莊嶽之間數年，雖日撻而求其楚，亦不可得矣。

——〈滕文公篇下〉

傅之：即傅之乎？作為他的老師呢？

咻之：音ㄒㄧㄡ，喧譁的意思。

撻：音ㄊㄚˋ，鞭打。

莊嶽：指的是齊國的都城臨淄的莊街嶽里，熱鬧繁華之地。

學了十幾年的美語，但總覺得開不了口，甚至就自卑了起來，我想這是許多人的經驗，尤其到了國外（特別是美國）去旅行，更覺得相形之下，好似矮了一截。但我不知，我們是否想過，為何美國人一到台灣，縱使不會講一句中國話，好像一點也不覺得羞赧赧，倒是我們硬是要委屈的用美國話去和他聊天，而且你不會因為他不會說中國話，而感到他著實太差了，你不會去批評他怎麼到台灣以前不學一點中國話，你反而還會因為你的美國話不太好，而對自己暗暗的自責呢！

的確，語言除了作為一種溝通的媒介之外，它最為重要而值得我們注意的是，它又具有一種隱藏式的力量，而這樣的力量是與人們認定的身分密切相關的。一個美國人，以為作為一個美國人是光榮的，甚至可以說是理所當然的，講美國話，是當然的，而且是必然的，但在台灣的中國人，卻是以為作為台灣的中國人是弱小的，這樣的身分沒有辦法與美國人相比，自然的，就以為中國話不夠尊貴，而一心一意的希望作為一個尊貴的美國人。或許。這樣說稍嫌過火，但骨子裡實在就是這樣。即使不是美國人的意味在作祟，也是所謂的「歐洲中心主義」在作祟，以為唯有如此，才算趕上了時代。

其實，我前面這樣的說法，一定有許多人不同意，但若對比的想一想我們所說的國語與方言，尤其與山地話的關係，不就一目了然了嗎？

如果單就語言的學習而言，根本上是一種情境的薰陶，有何難哉？正因為如此，更不必以為自己好似天生的就學不好哪一種語言；只要發了願，用了心，再加上個環境，一切自自然然的，水到渠成，無須勉強。沒有那個環境，即使再勉強也學不來的。孟子講得很好，假使「一傅眾咻」，那怎麼可能學習好呢？要一個齊國人來教楚國人講齊國話，但出了學門，卻總有一大票人爭著和他講楚國話，他當然學不了齊國話；相反的，要是將這個人擺在齊國的都城臨淄最熱鬧的街坊上，幾年下來，他聽的是齊國話，講的也是齊國話，這時，你要他講好楚國話，那就不可能了。

孟子借用這段話來說明要一個人學善，不是去訓諭他如何的為善，而是提供一個為善的可能，那就可以了。這讓我想起當前教育的處境，大家總以為學校教育最為重要，其實，學校教育若無法得到家庭教育與社會教育的配合，儘管再怎樣的賣力，在「一傅眾咻」的情況之下，仍然是沒有用的。再說，一個美國人要是心裡一直都念念不忘著美國話，這也是另一種「一傅眾咻」，他仍然是學不會中國話的；儘管他現在一點都不覺得羞赧，但終有一天會，他會羞赧的，不知這是否可堪做為中國人的一種期許？我懷疑著。

20 交談與辯論——予豈好辯哉，予不得已也

予豈好辯哉？予不得已也。天下之言，不歸楊則歸墨，楊氏為我，是無君也，墨氏兼愛，是無父也，無父、無君是禽獸也。

——〈滕文公篇下〉

楊：這裡指的是楊朱，主張徹底的自利主義，強調拔一毛而利天下，不為也。

墨：這裡指的是墨翟，魯人，一說宋人，主張兼愛，即愛無差等。

無君：主張不必有國君，引申而言即「沒有政治與社會的觀念」。

無父：主張自己的父親和鄰人的父親沒有什麼差別，引申而言即「沒有家庭的觀念」。

以前讀到孟子所說「楊氏為我，是無君也，墨氏兼愛，是無父也；無父、無君，是禽獸也」，便覺得孟子未免太過情緒化，對問題的看法不夠客觀，隨著年紀的增長，逐漸發現原來「辯論」與「交談」是不相同的。

「交談」是彼此互動。藉由言說的活動，去豁顯真理「辯論」則是宣說自家的立場，向別人傳播自己所信仰的理念。換言之，若由所謂的辯論，是不能豁顯真理的，辯論若對所謂的真理有所助益，乃在於立場的宣示，而不是企求經由彼此雙方的互動溝通，去豁顯真理。做了這樣的理解之後，我們當可以清楚的瞭解到為何孟子說「予豈好辯哉？予不得已也」，其意正因為他所處的時代是一個難以獲得溝通和共識的時代，他只能做自家立場的宣示而已，他只能更清楚的表達其堅定的信念而已。

這麼說來，所謂「真理愈辯則愈明」這句話是否正確，那可值得商榷。如果將這裡所說的「辯」字解釋成「辯論」的辯，恐怕這句話要改成「真理愈辯則愈不明」了，因為如果只是立場的宣示，如何明呢？如果是「交談」，那才可能愈辯（交談）愈明。果真如此，那我們還得問一個問題，孟子的辯論，又豈不是白費了嗎？如何可以不白費呢？

其實，這問題不宜只就言說本身來論，因為孟子著重的是在宣示一種立場，而且不只是通過言說來宣示，重要的是，他通過他的所行所事、人格風範來宣示他的立場。當然，這不是一個多麼有效的辦法，而是不得已的辦法，他所謂的「不得已也」當從這個角度來理解。

再說，孟子所處是一個無道的世代，「聖王不作，諸侯放恣，處士橫議」，這是一個沒有文化教養、禮壞樂崩的時代，沒有了共識，根本難以溝通。「道」就好像「水」一樣，它可以溫潤人們的心靈，使得人們的言說能得恰當而如情如理的表達。少了他，便難以溝通，莊子講得好「魚相忘於江湖，人相忘於道術」，道術就像江湖一樣，有了汪洋之水，魚自然樂而忘憂；有了道術，人自然互動而感通，無所隔閡。如此，則天籟可感，人籟不用，焉用辯？孟子之辯，誠不得已也。然則，何時可以已耶？就以目前看來，孟子是否仍然會大嘆「聖王不作，諸侯放恣，處士橫議」呢？

21 人之生也直——不要委屈自己

孟子曰：「古者不為臣不見。曾子曰：『脅肩諂笑，病于夏畦』子路曰：『未同而言，觀其色赧赧然，非由之所知也。』由是觀之，則君子之所養，可知矣！」

——〈滕文公篇下〉

不為臣不見：不是諸侯的臣屬就不去謁見。

脅肩諂笑：竦起兩肩，做出討好人的笑臉。

病于夏畦：比起夏天在菜田裡工作，還來得辛苦。

未同而言：不同意他的看法而與他說話。

色：這裡指的是臉色。

赧赧然：羞愧而不好意思。

君子之所養：君子之所要培養的節操。

有好些人常說：「交際應酬，真是一件累人的事，有些自己不想見的人，還要見他們，更難過的是還要裝出一份歡喜的樣子。」我每回聽到這樣的言語都為他們感到傷慟，我總想：難道一定要這麼勉強嗎？生命就不能比較疏朗而直接的表現嗎？

其實，生命的疏離往往是在無意之中造成的，多做了幾趟違反自家生命根本的事情，就習以為常了，而且就此習以為常，人也就因之而離棄自己了。一旦離棄自己，愈離愈遠，便往而難復，沒多久，便只能在習性中頭出頭沒，載浮載沉，討生活爾矣！到頭來，才醒覺，人事已非，人間世已過了一大半，亦不知該當如何是好。

「人之生也直，枉之生也幸而免」，儒家最講究的就是這份「直」，「直」是依義而行，由禮而行，順著天理人情，不忮不求；「直」不是死守原則，不是故步自封；由直而能方，由方而能大，所謂「直、方、大，不習無不利」，所指正是如此。能夠如此，直、方、大，人與人之間的交往也就能如天地般的寬闊，乾坤朗朗，毫無掛礙。在這個基點上，我們自然可以瞭解，為何孔子要說「匿怨而友其人，左丘明恥之，丘亦恥之」，原來，這亦無非要一個「直」字罷了。

這問題看起來好似很難，其實是很簡單的，是所謂的「簡易」之道，只因為人們不能真正的正視到問題的「簡易性」，而把它複雜化、模糊化了。須知，生命之為生命最為重要的是在其自己的活著，這是為了自己，而不是為了別人，怎可以捨本逐末呢？既立定了什麼是本，那一切也就簡易的多了。

把握住了這個簡易之道，人們便能清楚的瞭解到：原來自己最為原始的感覺是攸關生命的，是不容化約的，也因此是最堪重視的，不容放過。誠如曾子所說的「脅肩諂笑，病于夏畦」，聳著肩做出一分討好人的笑臉，這比起夏日裡在菜園裡工作，還來得辛苦，既然如此，那又何必呢？是否自家的生命不夠堅強、不夠自信，才須如此呢！要是無所虛慊，又何須如此呢！是啊！莫輕看了這句「脅見諂笑，病于夏畦」，珍惜這份感覺的能力，不要放過，因為它正是人之所以為人，最為根深柢固，最為真切的存在實感，它正是人實存的基礎。

如果我們真瞭解了這些道理，我們自然而然的會瞭解到孟子之學無非就是一無所委屈的人生之學，他所強調的知言養氣，也就是在這樣的無所委屈的情境下，逐步成長而成的。生命的異化與疏離，誠不可免，但果能才動即覺，才覺即化，想必一切是朗朗乾坤的。

22 廉吏？鐮厲！——廉官殺人

於齊國之士，吾必以仲子為巨擘焉，雖然仲子惡能廉？充仲子之操，則蚓而後可者也。夫蚓，上食槁壤，下飲黃泉。仲子所居之室，伯夷之所築與？抑亦盜跖之所築與？所食之粟，伯夷之所樹與？抑亦盜跖之所樹與？是未可知也。

——〈滕文公篇下〉

仲子：齊國人，孟子弟子。
巨擘：大拇指也。
惡能廉：惡，音ㄨ，怎麼的意思，怎麼能夠廉潔呢？
蚓：音一ㄣˇ，蚯蚓的意思。

伯夷：古時候廉潔的典型。
盜跖：古之盜者。

「廉潔」是平平放開，無所罣礙，並不是無端在平地上另立個土堆，因為所謂的「廉」，原來也只是不向外忮求，並不是說要立一個什麼樣的規模出來，硬是要去撐一個什麼樣的規模出來，就已經不是所謂的「廉」了。

記得最清楚，也最覺得痛切的是：劉鶚在《老殘遊記》中所記載的「廉官殺人」的故事。廉官之所以會殺人，主要是因為生命中硬是要去撐出一個什麼規模出來，在「名」的怖慄與恐懼之下，沒有辦法去瞭解到所謂的「實」，另一方面，他就誤認為那「名」就可以掌握到「實」，於是傾其全力的去把抓那個「名」。就在這「名」的把抓之下，一方面極力的要消弭掉那個怖慄與恐懼，但他老早已被那怖慄與恐懼所攫奪，終而將此怖慄與恐懼轉稼到別的無辜的人身上。

這麼一來，他以為他不但解除了那個怖慄與恐懼，另方面，他又成就了所謂的「廉潔」之名，其實，它是陷入一更嚴重的怖慄與恐懼的深淵之中，而不自知。

廉而不平，則比起一般的世俗還來得可怕，世俗畢竟還有個情理可言，但廉而不平，則無情無理，還認為自家把抓到了什麼偉大的情理呢！光這偉大的虛假就足以戕賊人命的。

若以生活而論，其實，一切都是很平常的，平常心是道，硬是要做出個不平常來，就失了所謂的「道」。

道只是一條路，一條途徑，一條平坦的途徑。

道是一種言說，一種平平常常的言說，明白而不艱難。

不平坦就不是道，不明白就不是道。

廉潔之為廉潔，原只是盡了自己分內事而已，極力的去表明自家的廉潔，這便不是廉潔。

想想我們的社會不乏正義的撻伐之聲，就此正義的撻伐之聲，就叫作「廉」嗎？那些要錢穆老先生遷出「素書樓」的議員們，就叫作「廉官」嗎？正義之聲不是「廉潔之聲」嗎？這廉潔之聲嘎嘎然作響，沒有人頭落地，也令人內心悲泣！老殘啊！老殘！若你還活於今日，恐亦難逃此「廉吏」！廉吏？鐮厲也。吾為此悲戚！

23 「道揆」──自尊自信；「法守」──誠懇無怨

徒善不足以為政，徒法不足以自行。上無道揆，下無法守也，朝不信道，工不信度，君子犯義，小人犯刑，國之所存者幸也，上無禮，下無學，賊民興，喪無日矣。

──〈離婁篇上〉

徒善不足以為政：謂只有善心仍然不足以推行政治。

徒法不足以自行：謂只有良法仍然不會自己去推行。

道揆：即是所謂的「道德規範」。

法守：即可以被遵從的制度。

法或所謂的「規則」，原來就不是憑空而起的，也不是誰去立定的，它是在傳統中誕生的，它是人們智慧的累積，是人們在諸多嘗試錯誤的歷程中，尋得的軌道與依循。不管伏羲制器尚象也好，或者周公制禮作樂也好，其實只是平常心的發用罷了，他只是要順乎天理、應乎人情而已，這裡沒什麼花樣可玩的。一想玩什花樣，這規則就有病，平平放開，法才足以為法，規則才足以為規則，所謂的規範才足以為規範。

不尊重法，不尊重規範的人，是一個笨人；儘管這些笨人以為他們是聰明的人，他們的愚笨乃在於他們的自作聰明。以為尊重了法，遵循了規範，就一切都會如如無礙的人，是一個癡人，儘管這些癡人以為他們是守法度的人，但他們的癡就在於他們的謹守法度。其實，這樣的癡，他們的謹守法度只是樣子上如此，說穿了，是既得利益在作祟。孔老夫子說的好：「及其老也，血氣既衰，戒之在得」，有誰能免此呢？不是自覺的利矛，怎能刺穿這盾牌呢？

看啊！我們有些國會議員袞袞諸公，開口閉口是法統，果真這法統就在他們身上嗎？他們是用自己的良知去頂住這個法統，還是藉由這個法統來頂住自己的既得利益呢？這不必分辨，因為只要太陽還在，人間有很多東西，大家都可以清楚的看到，何勞宣說？即使現在下雨天，或是陰天，沒了太陽，但是大家誰也不敢說以後太陽永遠不出來了。話雖這麼說，我們仍然可以發現有些人中了邪，他們竟然以為以後不會再有太陽。

另外，又有一批國會議員袞袞諸公，開口閉口就是要打倒老法統，重立新法統。好像新法統的使命就在他們身上似的，但我們真想問，是利益的問題催促他們去打倒老法統，還是他們果真發現了一個理想樹立的必要性，要用他們的道德良知去頂出個新的法統來。再者，他們可有考慮到所謂的「法」或「法統」是要有一傳統賡續性的，一個沒有賡續性的法是落空的，是不切實際的。孟子說「徒善不足以為政」，他們都以善行之，都還不足以為政呢！更何況有誰說他們真已如孟子所說的「為善」了呢！

法統、法統，由於時間的關係，已成了虛構的間架；要正視的是這樣的現實不是去護守這樣的間架現實。要攻破的是這個虛擬的架構，而不是高唱另一個虛構的理想。

上的「道揆」在於自尊自信，

下的「法守」在於誠懇無怨。

還得重複一句「徒善不足以為政，徒法不足以自行」。

再加一句「天地間總有太陽的」。

24 清理生命的磁場——反求諸己

行有不得者，反求諸己。

——〈離婁篇上〉

反求諸己：歸反自身，詢問自己。

回到自家的身心上用功夫，讓自己生命的指南針準確的指向一個該指向的地方。

孟子曾經用過一個極為生動的比喻，他說：「要是有一個人射箭，老是射不著，這不能怪箭靶不讓你射著，該怪的是為何你射不著？」

這問題好像很清楚，但偏偏就有人在這裡迷糊了。我們往往因為我們感官的投向，而忽略了那個投向的源頭。

其實生命的指南針之所以不能恰當的指出他所應該的指向，不是說這世界的方位錯亂了，而是你所拿的指南針的磁場有了一點錯亂，需要好好清理一下。回到自家生命上用功夫，原來就是清理一下自己生命的磁場，讓他一切歸於平常而已。

麻煩的不是外在的事物變得怎麼樣了，而是你將外在的事物弄成怎麼樣了。就因為你將外面的事物弄成那個樣子，你要它變得不平常，當然它就以極為嚴重的身段向你展示；你嚴重化了它，它必然的也就嚴重化了你，這是很公平的。

培養一種悠遊的心境，只須用平常心去看待，不須什麼凸起的東西。一旦凸起，便離開了生命自己；離開生命自己，就只能用肉眼看，而沒有辦法用心眼看；就只能用肉耳聽，而沒有辦法用心耳聽。感官是黏著的，一旦黏著了，便如孟子所說的「物交物，則引之而已矣」，愈離愈遠，勢所必然的了。

要用輕易的語言來承載負有重量的事物，因為這樣你就可以裝載很多，而不覺得麻煩。就好像你必須要用垃圾袋來收拾一些不必要的雜物，室內才會清淨。怕的是，你太喜歡這些垃圾袋了，收拾了雜物之後，還不忍心丟棄。這時，你還是處在垃圾堆之中。

語言的生態，影響了存在的生態，特別是心靈的生態。

磁場被混淆了，需要好自清理，我們社會的價值之磁場被混淆了一場糊塗，你是其中一個清理者，或是混淆者呢？或許可以自己問一問自己。

一句話：「行有不得者，反求諸己。」

25 孔子、學生、打冉求

求也為季氏宰，無能改於其德，而賦粟倍他日。孔子曰：「求非吾徒也，小子鳴鼓而攻之可也。」由此而觀之，君不行仁政而富之，皆背棄於孔子者也。

——孟子〈離婁篇上〉

求：孔子的學生冉求。
季氏：季孫氏。
宰：相當於所謂的「總管」。
賦粟：所繳交的米糧。

中國最古的一位平民教育者，也是中國歷史上所謂的「萬世師表」，這位師表，他不只是因材施教而已，而且他還會煽動他的弟子去攻伐另一位學生，他是誰呢？不是別人，正是大家所以為道貌岸然的孔子。其實，孔子是極為有正義感而富生機的。

事情的發生是這樣子的，冉求從儒學院畢業之後，找到了一個縣政府財稅課的工作做，專門為他的長官——季孫氏催糧，憑著他的才華，把原來積欠的糧食大概都催了回來。這消息傳到了孔老夫子的耳裡，他很是難過，便找了人去傳話，要冉求不要太認真催糧，而要多體恤人民的辛苦，但事情無什進步，他所作所為甚至愈來愈厲害。孔夫子為此痛心疾首。

有一天，孔子終於按捺不住了，他當著其他學生的面，作了這樣的宣示：「冉求不是我的學生，各位弟子，你們可以敲鑼打鼓的去討伐他。」

是啊！所謂的教育就只是要人平平實實的依乎人性去做。人性作為一切判斷的基礎，人性是最高的主宰，其他的原則都是其次的。也唯有如此，教育才不會異化成工具。

人最害怕的是忘了自己原來是個人，而成為工具。似乎這樣的呼喚是多餘的；但不要忘了，原來極為簡易的事情，往往因為陷入了羅網，不能自拔，終而使得簡易變得格外困難。

回復「簡易之道」，其實很簡單，就只要問問我們自己，你是為了自己之作為一個人，還是為了別人而作為一個人。所謂「古之學者為己，今之學者為人」，所指正是此意。

冉求為季氏宰，不能改變季孫氏的德性，不能使之向善，反而增加了賦稅。作為一個徵收賦稅的工具，冉求是成功的；但是作為一個人，冉求是失敗的。因為冉求只將自己視為一個稅收的工具，而沒有正視到自己之作為一個人的身分。換言之，他已經自我疏離，自我異化了。

儒家之所重視的不是些什麼偉大而渺不可及的理想，平平說來，就只是孝悌、忠信，就只是親親、仁民，而天下自然太平。所謂的國君也是從這個角度來理解的，不符合這個角度，則不成其為國君。

孟子激切的呼籲「君不行仁政而富之，皆棄於孔子者也」，進而他要反戰到底，他這樣的呼籲是針對當時的霸政而提出的。這樣的提法是得不到諸侯呼應的，他為的不是一時之利，而是為千秋爭一個正氣。明顯的，儒學之為儒學是站在人性的立場，站在眾多百姓的立場來立言的。真不知道現下那些以為儒學是維護統治者利益的知識分子，有沒有讀過孟子這篇話，讀了這篇不知將作如何感想。

26 經常、權變與委屈

孟子曰「嫂溺不援，是豺狼也。男女授受不親，禮也；嫂溺援之以手，權也。」（淳于髡）曰：「今天下溺矣，夫子之不援，何也？」曰：「天下溺，援之以道；嫂溺援之以手。子欲手援天下乎？」

——〈離婁篇上〉

溺：掉到於水中。

援：救援。

授受：遞接東西。授，給予；受，接受。

權：變通的辦法。

淳于髡：齊國人，是當時之辯者。

人與人的相處可有兩重的法則，一是人性的法則，這是百世不遷的，另者是社會的法則，這是隨著時代而改變的，有時針對一些特殊的狀況，而要有的臨時特別措施。這兩者，前者叫做「經」，而後者則叫做「權」。

「經」「權」這兩個範疇不是對等的，而是互補的，而且是以經為主體的。「經」是恆常不變，「權」是隨勢而變，但所變的不是順著勢而走，更重要的是要能夠「由權返經」。孟子之判大舜不告而娶，是以不告猶告也。這「猶告」就是「由權返經」的意思。如果不能夠「由權返經」，則「權」不能稱為恰當的「權」，它很可能會導致對於「經」的損壞。

換言之，「權」為的是「衡」，所謂的「權衡」，其實，就是要求歸於平常之理。如果「權」而不得其「衡」，則「權」已不是「權」。

「男女授受不親」，這在孟子的時代，可以說是「禮」，但這「禮」為的是豁顯理性的區分，在當時的歷史社會總體之下是需要這樣的；然而，這不意味「禮」是一成不變的，譬如移到現下的歷史社會總體來說，則值得考量。不過，我們也可以發現它大致對，因為，再怎麼說，大概沒有人（特別指的是小叔），無緣無故的去拉著大嫂的手吧！當然，不會像以前那樣的「授受不親」。即使孟子那個時代，男女授受不親，但嫂子溺水了，仍然要趕快援之以手啊！

當人性法則與社會法則形成一對比的衝突點時，人性法則是優先的，但不要忘了，為了要挽救人性的法則，而有的權變措施，只是暫時性的，長遠來看，它必須歸返於社會法則。令人擔心的是，可不能因之而壞了社會法則，因為社會法則的毀損，往往也使得人性法則毀損了。這也就是孔子對子貢說「爾愛其羊，我愛其禮」的理由。

嫂溺要援之以手，為何天下溺，而不援之以手呢！因為天下溺與嫂子溺是不同的，前者，只是暫時性的，可以通過一急速的救援而改善；後者則是持續性的，不能通過一急速性的救援而改善。後者之溺，在於其心之陷溺，故必須救之以心。心之救治，唯有先厚殖文化土壤，方始可能。這裡是不能枉道求合的，因為枉道求合，只使得心愈為陷溺而已，不但不能歸反經常之道，反而壞了經常之道。

真的，不要太過廉價就先為別人的不合理做法找好了理由，因為你這麼做不會換來真正的和平，而只是會換來更嚴重的傷害。雖然這傷害，看起來無形，甚至還有短暫的利益，不過，你還是等著他帶來更大的傷害吧！

委屈是不能求全的，委屈只會造就我們去習慣更大的委屈；更大的委屈將使得你喪失了對於委屈的感覺能力。一個對於委屈毫無感受的人，已經喪失了人的能力。當然，一個一天到晚都覺得自己受了委屈的人，也好不到那裡去。因為他喪失了一個比起體受委屈更為嚴重的能力！那就是「體受平坦」的能力。

27 簡易——生命的本源

天下之大悅而將歸己，視天下悅而歸己，猶草芥也，惟舜為然，不得乎親，不可以為人，不順乎親，不可以為子，舜盡事親之道而瞽叟厎豫，瞽叟厎豫而天下化，瞽叟厎豫而天下之為父子者定，此之謂大孝。

——〈離婁篇上〉

悅而歸己：心悅誠服的歸附自己。
草芥：比喻非常微小。
瞽叟：舜之父親，極為頑強無理。
厎豫：變得高興。

宋朝的時代，大儒朱熹的門人，有一次問他的老師說，這世界如果少了你或陸象山，恐怕就難顯出道的莊嚴與偉大！朱熹說，道本在天壤之間，這世界不多我一個朱熹，也不少我一個朱熹，其實，連堯舜功業，也不過太虛一點浮雲罷了！

「連堯舜功業，也不過太虛一點浮雲罷了！」每一回讀及此，總有一個來自生命深處的清新振動。是啊！就此來說，天地間又有些什麼好爭鬥的呢？這種徹底放開讓開的精神，何等優雅閒適。

現代人，最為麻煩的是強調自己的重要，好像這世界少了他，就不成似的。這想法，最易窒殺了生機，一窒殺了生機，又把自己擺在刀口上，生命焉得不受損害。

眾生平等，同歸涅槃，是佛陀的理想。親親仁民，仁民愛物，是孔子的理想歸根復命，同化自然，是老子的理想。儒、釋、道三家都只是一個「平」字，不平則不能化，不能化，則只是凸起一些不必要的爭辯，到得頭來，就像蹺蹺板一樣，忽高忽低，了無已時。

能夠真看重自己的人，才能夠運用更為輕易的語言，去承載更多的東西。能如此，這世界一切就變得輕易多了。

要去學習以簡易駕御繁重，因為唯有這樣你才能真正的輕鬆起來。相反的，如果你是以繁重加到簡易上面，你的力量就有限多了。真在乎，就是要能不在乎。

一把沒有刀鞘的刀子，是很難保存的，尤其它會傷人，它一旦傷了人，那人也必然要傷它。把刀鞘套上，不會傷人，別人也就喜歡它了。

亮光是會炙人眼睛的，但「和光」則不會，因為「和光同塵」，只有同塵，你才能化解紛爭，否則只是治絲益棼而已。

是平易，不是縮頭烏龜。是簡潔，不是略而不詳。

是和氣，不是故作孤高。是淳真，不是幼稚無知。

因為真正的力量，是不必夾帶聲勢的，他如時雨之化，他如天地之運，默然、寂然，一切就在「天何言哉」下，百物生焉，四時行焉。

相應於「默運造化」，人則要「默契道妙」。

相應於「乾坤之道」，人則要「簡易處之」。

28 對於「貴人」的聯想

> 君子平其政，行辟人可也，焉得人人而濟之？故為政者，每人而悅之，日亦不足矣！
>
> ——〈離婁篇下〉

行辟人：鳴鑼開道，行人閃避。

台中的草湖出產芋仔冰很是著名，整個村子大約有十家之多。後來由於當時任行政院院長的蔣經國先生到其中一家去吃，吃出了更大的名頭，後來一連又去那家去了幾次，當了總統時好像還去了一次，就這樣子，這家芋仔冰店大發利市，但相對的，其他幾家也就冷清得多了。

這家冰店有了貴人，因而大發利市，別家沒有貴人，當然冷清。其實，相對來說，這家的貴人，反成了他家的「不貴人」（原擬寫為「罪人」，為避免用字太過，故以「不貴人」稱之）。我想，這絕非蔣先生所想及的，一番好意，竟會造成毛病。

「貴人」這個觀念是一個極為封建的產物，我們的社會之中，一直都還有期盼貴人的想法，這就更見出我們的社會儘管已經進入了所謂的「現代化」，但骨子裡仍然是「封建」得緊。

一個需要有「貴人」的社會，他的「法」就不可能貴起來。貴人就不能貴法，人貴則法不能貴。

專制時代的貴人與民主時代的貴人是不同的。民主時代的貴人比起專制時代有過之而無不及，因為民主所隱含的暴力並不下於專制。被號稱民主而實為多數的暴力所侵擾的話，只能默默承受。民主之理，可能被假借，用來殺人，而且可以殺的更多、更厲害，表面上又更合理。

貴法，這不只是一個制度的問題而已，他更且是一個人的品質問題。孟子說過「徒法不足以自行」，法之為貴，是人去貴它，人若不去貴它，如何為貴呢！

要去貴法，就要上有道揆，下有法守，不然只是施之以小惠，到得頭來，壞亂了法，人們一樣的企盼著「貴人」。

諸葛亮說得好，他說「治世以大德，不以小惠」。大德是平平常常，沒什麼突兀，是可以悠久而長遠的，不可見其立效，但亦無害。小惠則是突兀的，立見其功，但卻因之而傷了其餘。以前的大德指的是倫常教化，而今之大德，則當是指在契約意識的培養之下，成就一個社會人。

其實，我們這個社會不是不需要貴人，而是不需要「貴小惠」之人，但卻真需要「貴法」之人。

最後，我們想向達官貴人說，不要擔心有些人的不滿，只要你的作為是通得過孟子這裡所說的——「君子平其政，行辟人可也」。

29 君與臣——君視臣如土芥，臣視君如寇讎

君之視臣如手足，則臣視君如腹心；君之視臣如犬馬，則臣視君如國人；君之視臣如土芥，則臣視君如寇讎。

——〈離婁篇下〉

土芥：泥土和草芥。
寇讎：賊寇和仇敵。

中國俗諺上有句話，叫做「君要臣死，臣不得不死」，國君的地位似乎是神聖崇高的，不可質疑。但對孟子書如果

稍熟的話，定會舉出「君之視臣如手足，則臣視君如腹心；君之視臣如犬馬，則臣視君如國人；君之視臣如土芥，則臣視君如寇讎」這段話，以為抗辯。

每回讀到孟子這段話，便覺得有一股不可名狀的熱力在胸中滾動。是啊！君臣是由「朋友」關係發展而來的，他們彼此是平等而互動的，他們是由對列性的原則所構成的。他們不同於「父子」的關係，父子關係是由血緣性的生養關係所構成的，這是由隸屬性的原則所構成的。

是什麼因素使得我們傳統以來的「君臣」關係，不能維持一平平坦坦的對列關係，而變成高下畏懼的隸屬關係。君臣本是君臣，為何竟被轉成另一種惡性的「父子」關係。因為整個歷史社會總體轉成這個樣子，我們這個民族也就變得很不平，一定要頂出一個什麼偉大來。不可避免的，「官大學問大，官大道德高」的論調也就極自然的出現了。如此一來，也就違犯了培根所謂的「知識即是力量」的說法，而成了「力量就是知識，力量就是道德」。

俗諺歸俗諺，孟子歸孟子，畢竟讀書人的風骨仍然是讀書人的風骨。孟子這段話之所以成了經典，自然也就有一種「語言的神咒式的力量」，不容忽視。他成了中國帝皇專制體系下，中國知識分子的精神資源，沒有他，我想魏徵不敢犯顏直諫；沒有他，我想朱熹給南宋孝宗的奏書不會是這樣寫的——朱熹直接數落皇上的不是，說他為了人欲不顧天理，而皇上儘管聽不進去，但卻也不敢對他怎麼樣。當然，有一些是不幸的，像方孝孺則因不從亂君，而遭十族之誅，文天祥亦因不降元朝而就死。但我們要說，這些偉大的人格都得自於孟子學的精神資源。中國歷史上如果少了孟子，將也就少了這些視死如歸的知識分子。

明太祖朱元璋讀到了孟子這段「君臣」論，深以為惡，竟下令要將孟子遷出聖廟，群臣譁然。朱元璋又下令不准任何人勸諫，勸諫則死，但劉三武竟犯顏直諫，不畏生死，他說「今臣為孟軻死，死有餘榮」，或許這裡仍夾雜著一種歷史的神咒式的嚮往；但我要說，能有這種嚮往，畢竟不俗，更何況一個民族在極權高壓的體制下，有這種嚮往，正象徵著這個民族的生機依然存在。因為，或許就靠著這歷史的神咒，劉三武不畏死罪，而朱元璋則畏懼這歷史的神咒，終而不敢遷動孟子。

時下，似乎「歷史的神咒」已被解除了，一個沒有神咒的知識分子是卑下的、是可憐的，圖書館中的死屍正是他們偉大的勞動成果。呵!?

30 人、上帝與伊甸園

人之異於禽獸者幾希，庶民去之，君子存之，舜明於庶物，察於人倫，由仁義行，非行仁義也。

——〈離婁篇下〉

幾希：言其微也。極為微小的意思。
庶民：指一般老百姓。
去之：丟棄它。
存之：保存它。
庶物：萬物。
由仁義行：依循著仁義之路行。
行仁義：將仁義作為幌子、藉口。

人的可貴，在人不同於一般的鳥獸蟲魚，人不只有自然所賦給你的能力，人更可以有自己作主的能力。王船山就曾說「人不只有天明，而且有己明；動植飛潛等等就只有天明，而沒有己明」，人可以將天所賦與我們的內化而成為一種自我作主的能力。當然，這裡所說的可貴，其實也是人的麻煩。

換個角度來說，我們可以將伊甸園的神話，作一個截然不同的理解。因為既然可以站在上帝的觀點說，人是被上帝趕出伊甸園，同樣可以從人的觀點說，上帝是被人供奉在伊甸園裡。人之離開伊甸園，人終而有了自己，人便不能只是無憂無慮的，人必須以他的身體、心靈，或者說他全副的生命去與大自然對話，而取得自己存在的主體性。

無疑的，是因為人想要有自己的智慧，人不甘只是作為上帝所管轄下的一個存在，人因而會受到魔鬼的誘惑，人終於吃了所謂的「智慧之果」，也因而被逐出了伊甸園。是啊！這樣的不甘心，就代表著人的自由意志，關連著自由意志的就是智慧與魔鬼的誘惑，這些問題都攪結在一起的，頗難疏理。但總的來說，我們可以說，人之為人，是因為人是一個活生生的存在，是一個被稱為上帝依照他自己的肖像而造的一種活生生的存在。（其實，你也許可以換個觀點說，是人按照他自己的肖像而造了一個會造這個世界與人的上帝）。

孟子所以為的君子就是一個能夠將天所賦與的「天明」內在化，而且好好的培養起來的人。順著中國《易經》的傳統，或者我們可以說，這就是「一陰一陽之謂道，繼之者善，成之者性」的實踐過程。去體會整個宇宙造化的生機，並且能參贊祂，從而揉成祂所賦給我們的，成為我們自己的本性。人和天的關係之融會為一，這是中國人古來的傳統，在中國人想來，根本沒有所謂的「伊甸園」，更不會有所謂的「逐出伊甸園」這樣的事情。

人本與天合而為一的，但因為後天的習染而障隔開來，故只要通過一番努力與實踐，自然而然的，習染已淨，人天復合。《易經》上面所說的「大人者與天地合其德，與日月合其明，與四時合其序，與鬼神合其吉凶」，所指正是這個。值得注意的是，這裡所說的天人關係，人是主動的，而不是被動的。正因如此，我們中國文化傳統強調的不是「道成肉身」，而是「肉身成道」。

一個沒有伊甸園神話下的天人關係是奇特的，他的實踐型態也是奇特的。就理上來說，他應是比起有伊甸園神話下的天人關係，就人的尊嚴來說，他應是更上一級的。但令人懷疑的是，事實似乎恰好相反，我們並沒有比起那些有伊甸園神話的民族，來得有尊嚴；難道我們不是沒有伊甸園，而是遺忘了伊甸園，當然我們也忘了對於上帝的思念。是嗎？我看不是吧！會不是嗎？

31 顏回——精神勝利？道德實踐！

> 禹、稷、顏回同道。
>
> ——〈離婁篇下〉

稷：周之始祖，教人民稼嗇，福利人民。

顏回：孔子弟子，不遷怒，不貳過，是孔子最得意的門人。

同道：所守所為依據同一道理。

在記憶中，所謂的「顏回」就是一個面黃肌瘦、營養不良的小伙子。他個性消極，不愛表現，只會討得孔子的歡心，是個典型的以「精神勝利法」來取得自己存在意義的人。即使不是的話，顏回也是一個追求生命境界的人，或者耽溺於所謂的「修道」吧！總不會想到孟子所說的「禹、稷、顏回易地則皆然」、「禹、稷、顏回同道」。

其實，顏回的形象之所以如此，是因為被一般民間的傳說，加上人們的習慣性刻板印象而成的。熟讀《論語》的朋友一定知道他是孔子最先選定的繼承人，只可惜他早逝，孔子為此傷慟得不得了，他甚至以為這是天要斷絕他的文化命脈。後來，孔子多方考驗，子路未獲選，子貢亦未獲選，有子亦未獲選，倒是年輕而稍帶魯鈍的曾子獲選。正式傳承夫子的「忠恕之道」。曾子後來傳子思，再傳孟子，孟子倒也真能體會聖賢血脈，「禹、稷、顏回同道」這樣的論斷，的確點出了顏回的精神樣態。

一般人看問題往往是從「跡」上看，而且就執泥於「跡」，大家忽略了在「跡」背後還有個更深的道理在。孟子便能不執泥於「跡」，他見到了「跡」背後的本體。聖賢之為聖賢是就其「體」上來說的，不是就其「跡」上來說的。

顏回之居陋巷，一簞食，一瓢飲，這是不得已的，但他畢竟仍「修身見於世」，他不是故作離群索居樣。他也不是貪求什麼精神的境界，他當然不會是消極的以「精神勝利法」取得自己存在的基礎，他是以一無執著的方式，讓自己在沒有掛搭的情況之下，長養他自己的胸襟與志氣，獨善其身為的是兼善天下，並不是離其自己的自我放逐。

人飢己飢、人溺己溺的胸襟，並不是黏泥不開，而是輕輕放下，平平處理。就此輕輕放下，平平處理，我們才可了解為何「堯舜事業，也不過太虛一點浮雲罷了」究竟是什麼意思。既然如此，把禹、稷和顏回的處境對調一下，禹、稷自可如顏回般的「安貧樂道」，而顏回亦可如禹、稷一般的「兼善天下」。

想起以前大一時，胸中充滿了對於世界的實踐熱情與幹勁，在自己的桌旁寫下這樣的句子——「寧為行行如也不得其死然的子路，不為簞食瓢飲安貧樂道的顏淵」。當時，甚至向人數落顏淵的不是，極力的讚揚子路。現在讀起自己所寫下的句子，不禁慚然、赧然得無以復加！

是啊！一個精神狀態過分黏泥的人是成不了大事的，也看不出顏回何以與禹、稷兩人易地則皆然的道理。

32 齊人之福？——向墳間乞食的知識分子

> 人之所以求富貴利達者，其妻妾不羞也，而不相泣者，幾希矣！
>
> ——〈離婁篇下〉

求富貴利達：乞求升官發財。

妻妾不羞也：妻妾不以其丈夫的行徑為羞。這裡特別指的是其丈夫每日至墳間乞食，還充闊說謊，自稱與達官貴人交往這樣的行徑。

幾希：很少。

時下，有些名人的交際應酬實在太多了，我們常常可以聽到他們的抱怨，但從他們的抱怨聲中，我們不禁要問，既然如此，那又何必那麼勉強呢？其實，從他們的抱怨聲中，我們仍可以聽到他們居然對這種事情樂此不疲，抱怨也者，只是要藉此說明他是何等的受到重視而已。每一次聽到他們在抱怨，我總會想起孟子在〈離婁篇〉最後一章所寫的「齊人」的故事。

故事是這樣開始的。有一個齊國人，家裡有一妻一妾，這也就是我們平常用「齊人之福」這個典故的由來，這且不說，我們回到本題來說。那齊人每天總要出門，而且一定吃飽喝足了才回來，妻子問他到底跟誰應酬了呢？他總能數出一串達官貴人的名字，說是和那位達官貴人交際去啦！這篇動人的說詞，用得久了不免起疑，有一天，妻子就向妾說：「說也奇怪，我們的丈夫每日都在外喝得醉醺醺的才回來，每次他都說又是和哪位達官顯要應酬，但我真不懂為什麼從來就沒有達官顯要來我們家作客，我想在後頭跟蹤跟蹤，說不定可以探察出個線索來。」

計議已定，第二天起了一個大早，一切就緒之後，便尾隨著丈夫，看他到底到了哪些地方去。沒想到整座城的人，都沒人和丈夫講話，大家好像都避著他甚至有些不屑的神情。最後，他來到了東邊的墳場，向那些祭祀墳墓的人乞討祭品。要了些酒肉吃喝，吃得還不夠，又轉向別的地方。啊！真沒想到這就是他每天在外吃飽喝足了的真相。

妻子回了來告知妾，憤怒地說：「原來以為他是我們所可以仰望終身的丈夫，真沒想到他是這樣的沒出息。」妻妾兩人就這樣的在廳堂上咒罵著、哭泣著。這時，不明就裡的丈夫從外面回了來，向兩位妻妾擺威風，說又跟哪位達官貴人吃飯應酬去了。

孟子最後作了這樣的結論，他說：「由上所隱喻的看來，那些硬要求富貴利達的人，有哪些人他的妻妾不為他們的行徑感到羞恥，恐怕是絕無僅有吧！」每一讀此，不禁要讚嘆孟子隱喻之高明。他不但將那些求富貴利達的人比喻成這個「乞者」，更高明的是，他將所謂的富貴利達比喻成「東郭墦（墳）間」的祭品，這些祭品是用來給那些「墳裡的死人」享用的，換言之，所謂的「富貴利達」原是一場空啊！竟然還有人向他們乞討這些祭品，這不是一件天大的荒謬嗎!?

時下，有多少「齊人」呢？不知。若依據大眾傳播的發達，計算其成長，那時的「齊人」若只有一兩位，現下恐怕已有成千上萬了吧！

33 語言文字的神力與魔力

故君子可欺以其方，難罔以非其道。

——〈萬章篇上〉

可欺以其方：可以用合理的方法來欺騙他。
難罔以非其道：難以用非理的方法來欺罔他。

「在心為志，發而為詩」，「詩者，志之所之也」，這些話頭都是我們所熟悉的。詩是人們心靈的聲音，是人們參贊宇宙，具有原創性的聲音。它是一切文學之母，先有了詩，才有散文。如果散文是人間的呼喚，詩更是天籟鐸音。

其實，不只詩如此，凡是人們用語言文字構成的東西都是如此，它具有一股無與倫比的魅力，它足以封住鬼神，它可以要天地賞賜，它足以使得人們的意志團結一處，甚至向上邁越，與天並齊。傳說中，倉頡造字，天雨粟，而鬼夜哭；又基督教的《舊約全書》也有「巴別塔」的神話傳說。這在在可以說明「語言是有一股不可磨滅的魅力的」，而且這股魅力與我們的心靈意識有密切的關係。它既是人類心靈的產物，它同時可以回過頭來影響人類的心靈。

關連著上面所說的，我們可以說語言文字的世界構成了人類心靈的環境；如果一塌糊塗的語言文字世界，自然也就無法構成好的心靈環境。連帶的，人們的心靈受到污染，終而墮入一難以自拔的惡業之中。這時，人而不人，其又奈何？不要忘了，人們想用文字語言去封住鬼神，但鬼神一樣可以潛藏在文字語言之中，借用語言文字的力量去封住人們。更嚴重的是，它可以像是一無孔不入的神經性毒氣，讓你逐漸腐蝕乃至死亡。

翻開我們的報紙，打開我們的電視，我們是不是製造了過多的垃圾，污染了我們的視聽，我們無法從中真正的去發現存在的意義與價值。我們只能從中感受到一種混濁污染的威脅，我們似乎只能在這樣的情境之下，頭出頭沒而已。儘管我們的社會有了許多病態，但是否就要這樣重重的強調呢！挖瘡疤有什麼作用呢！能不能用輕描淡寫的方式去面對這個世界，在描述過程中又帶有一導正的可能呢！能不能如王夫之所說的「因而通之，以造乎君子之道」呢！其實，沒有一份平和的心境、沒有一份謙沖的胸懷、沒有寬廣的學問領域，要做好一位好的記者或是傳播工作幾乎是不可能的。我們的新聞傳播媒體到底問題出在哪裡，或可從中獲知一二吧！

其實，文字語言都有它所隱含的雙面性與矛盾性，虛實、誠偽交雜陳列，如何去發現他的實而去其虛，如何去發現它的誠而去其偽，這當該是目前最重要而急迫的工作。中國古諺所謂的「隱惡揚善」當該這般理解吧！清除語言文字的魔力，顯揚其神力吧！

34 名、禮、分際——自守與溝通

以位，則子，君也；我，臣也；何敢與君友也？以德，則子事我者也，奚可以與我友？千乘之君，求與之友而不可得也，而況可召與？

——〈萬章篇下〉

子：您的意思。

奚可以與我友：怎麼可以與我交友。

況可召與：何況說召喚呢！

記得幾年前，辦公室的一位工友黃先生，和大家都熟了，他也就忘了分寸，他忽略了我們是學校裡的老師，竟然直接的呼東喚西起來了。我直覺得不適應，但這不只發生在我的身上，我看大家都不吭聲，也暫時作罷。後來，我發現這位工友越來越不守本分，他簡直胡亂一通。好不容易，他因為出了一個大漏子，終於走了，大家也鬆了一口氣。

又來了一位新的工友，他姓吳，起先人很好，老師長、老師短的，大家也對他很好，過年過節，同事們就掏腰包，湊了一些「福利金」給他。但過了沒多久，他又和以前那位工友一樣，直接叫起我們的名字來了。我覺得不能重蹈覆轍，當該免除不智之譏，於是我在恰當的情況之下，告訴他「你應該依職務的名銜來稱呼我們，如果籠統的話，就在『老師』前面冠個姓也就可以了」。後來，又有幾位老師跟進，終於保住了「老師」的稱呼，連帶的，這位工友也就頗為守分、盡責。

這件事讓我深深的體會到「名分之正」及「禮節」的重

要性。

依孟子所理解的中國古禮，做為一個庶民是極為自由的，國君可以叫你去服勞役，但卻不可以召你去詢問政事。因為你是這個國家的子民，但你可不是國君的臣子。國家和國君是分開的，國家相當於更高階位的「社會」這樣的概念，國君則相當於「政府」這個階位的概念；或者說，國家是一個「文化」的概念，而國君則是一「政治」的概念。我既屬於這個文化社會總體的一份子，我便對這總體有一份責任，所以召我去服勞役，則當該參加；但是，我並不屬於政府部門的工作人員，則我可不必接受國君的徵召。

再說，孟子又強調國君不可以「朋友」的態度來對待「讀書人」，而應該以「師事」的方式來對待讀書人。這分明是要嚴厲的區分「道」與「政」的異同：道不能以勢脅，不能以力迫，道只能各由其所，無妄無助長；政則不然，政易落為勢力的脅迫，易以權威的方式去擾亂人間的真理。我們果真瞭解了孟子的這些想法，我們就能知道為什麼他在一些什麼時候，他就擺出一怎麼樣的身段。身段是必要的，如果沒了這個身段，孟子就不成其為孟子了，儒家也就不成其為儒家了。

人與人之間的「禮」是極為需要的，它一方面是溝通管道，另一方面他又是藩籬屏障。前者可以與人交往，後者可以自我護衛。「禮既是溝通與連結的原則又是守身善道的原則」，不亦重乎！

35 教育三要素：陽光（家庭）、空氣（社會）、水（學校）

雖有天下易生之物也，一日暴之，十日寒之，未有能生者也。

——〈告子篇上〉

易生之物：容易生長的東西。

暴之：即「曝之」，曝曬它。

今年的暑假與好些國小的教師討論到「國民教育」的問題，他們問我怎樣看待國民教育，又現在許多家長總以為孩子上了國小以後，責任全在老師身上，這要怎麼辦？

面對這樣的問題，不只他們感覺無奈，我也說不出個所以然來，我只覺得我們的教育出了嚴重的問題，而這個問題不是孤立的，它是整體的，它涉及的是整個社會總體及文化土壤的問題。

拿個比喻吧！我以為學校教育、社會教育與家庭教育這三者不可偏廢，就像植物生長的三要素一樣，水、空氣、陽光這三者缺一不可。學校教育像是水，社會教育像是空氣，家庭教育像是陽光；再說，這三者，以陽光及空氣更為基本。想想我們的教育，一直忽略了這個更為基本的兩環，因此再怎樣的努力也是乏力的。

學童在學校與老師相處的時間本就有限，何況學校還須擔負起教育知識的責任，每個班級又有許多學生，平均下來，作為人格陶冶的部分也就少之又少。一出了校門，一打開電視，一聽廣播，還有社會上的形形色色等，這對學童的影響絕對大於學校教育的。而父母親的教養方式，其影響力當然亦大於學校。要救我們的教育，尤其國民教育，絕對不是在怎樣去設計一套更好的考試制度，或者廢除聯考而已，最為重要的是通過一套整體的設計，去培養一個豐厚的文化土壤，去締結一個良好的言說空間。讓他們有好的「陽光」家庭教育，好的「空氣」社會教育，這樣子一來，水的灌溉學校教育才有用。

豐厚的文化土壤之培育須得重新活在經典的泉源之中，讓自己的生命真正的活成一個文化的生命。社會上，古代經典的講習是需要的。

良好的言說空間之培育須得培養一客觀的心態，這樣的心態可以從平常的言說行為做起，我以為要先學習以平靜的心，用描述句去描述我們所想要言說的，不要輕易的使用情緒性的言語方式。

因為唯有描述句，才足以拉開一個空間以作為彼此互動溝通的基礎。

36 學問之道無他，求其放心而已矣！

仁，人心也；義，人路也。舍正路而弗由，放其心而不知求，哀哉！人有雞犬放；則知求之，有放心而不知求。學問之道無他，求其放心而已矣！
——〈告子篇上〉

舍：同捨，捨去。
弗由：不循著那條路。
放其心：失其本心；放為放失、流放的意思。

有一次孟子的學生告子向孟子說：「人的本性就像水一

樣，決諸東方，則東流，決諸西方，則西流。」這樣的講法好像頗有道理，但孟子則說：「如你那麼說也對，但問題是：這不是水的本性，水如果要它往高處也有可能，但那是逆著水的本性。就水的本性來說，水沒有不往下流的。」水之必往下流，這正如同人性有一個定向，這個定向就是他所謂的「性善」。

水之往東或往西，這是可能的，但這不是人性的定向，它只有可能性，而沒有必然性。孟子所說的性善，是就人之所以為人的一個實踐的定向來說的，就此而說一「實踐的必然性」。更值得注意的是，他在人的內心上定立了這個座標的原點。他真正的把握到了整個存在與人間世種種的原點，這一原點的建立，是順著孔子所提出的「仁」而構成的。

在每一個人的「本心」上建立了原點，這無疑的是對當時的「軍國制度」是一嚴重的打擊。因為「軍國制度」，其權威當在國君，而孟子則以自己內在的本心作為自己的最高權威。相對於周朝的禮文典章及當時日趨軍國專政的情況而言，這無異是一種心靈及精神的革命。他甚至可以說是一「哥白尼式的大轉向」，他將學問收到了做為一個人的座標原點，他亦將整個社會的價值收到這個座標的原點。

這麼一來，真正點亮我們自己生命的，其實是我們自己，換言之，生命是自明的，不是他明的，不需要一冥冥不可知的超越權威，也不需要世上的權威。或者說，原來，我們生命中的太陽是與大宇長宙中的太陽是同一個太陽，我們之照亮自己，即是照亮這個大宇長宙，這是交光互網的。

孔子開發了「仁」以後，孟子又通過「仁、義、禮、智」這四端去闡釋它，這就好像孔夫子找尋到了座標的原點，而孟子則畫了四個象限，開展出這個座標一樣。

孔子不只說是一個「平民教育家」，他也是一個「平易的教育家」，他讓教育權解放了，讓每一個人都具有這個可能，尤其重要的是他讓人們胸中的威權宰制解放了，不必成為鬼神的奴隸，不必成為封建威權的奴隸，人只要平易的，就可以開展其為一個人，而這「平易之道」正是學問的起點，這是從找回放失的心開始的。

人，就只是個人心、人路而已，所謂「仁、義」是也。

學問是人的學問，就只「求其放心」而已矣！

37 我們都應住在人性的宅第之中

白圭曰：「丹之治水也愈於禹。」
孟子曰：「子過矣。禹之治水，水之道也，是故禹以四海為壑。今吾子以鄰國為壑。水逆行，謂之洚水，洚水者，洪水也，仁人之所惡也。吾子過矣。」
——〈告子篇下〉

白圭：曾相魏國，築堤治水，善生產。
丹：即白圭。
愈於禹：比大禹還強。
壑：溝壑，這裡指的是受水處。
吾子過矣：吾子，猶言先生，「您」的意思。過矣，錯了。

涉及「人性」的問題，孟子有好多地方都作這樣的強調——他以為人性有一個本然的定向。要順著那個本然的定向來走，才不會出問題。

人是活生生的，是在一歷史社會的總體下生長的，人性是在一不斷生長的歷程中逐漸發展出來的。就好像「牛山之木」一樣，在肥沃的土壤下，自然生長。

人去開發自己生命就像去疏濬泉源一樣，就像去掘井一樣，真觸及了泉源，自可源泉滾滾沛然莫之能禦。也像去點燃生命之火一樣，一旦照亮了自己，也照亮了別人。

人性的具體落實，就像逐漸長大的秧苗一樣，該灌水的時候就灌水，該施肥的時候就施肥，一切靜候天機運移，自然成長，無所勉強。

人性的成長怕的是樹苗剛發芽沒多久，就被砍伐了，就像「牛山濯濯」一樣，更糟糕的是大家就以為牛山是不會長樹木的，以為人性是沒有一種本然的善向之性的。

還有，那些不努力的人掘井九仞而不及泉，就宣布放棄了。如此，一而再、再而三，甚至就說，這塊土地沒有泉水，人也沒有源泉滾滾的善向之性。

再者，有一種急性子的人用「揠苗助長」的方式，去幫助人性成長，結果使得原來的本性枯槁而死。

孟子又說「人性之善，如水之就下」，這清楚的告訴我們人性的善是有其定向的，應當去順導這個定向。

他又用白圭治水與大禹治水作出對比的論點，因白圭是「以鄰為壑」，將水排到鄰國，這不是順導水性，而是將水之不利轉嫁到別地方去了；大禹則將水順導入海，讓水歸返自己的故鄉。水性如此，人性亦然，不能為了人的自私自利，而將其可能的不好後果，轉嫁到別人或別的國家之上。人性有其歸依之所，那即回到人性的故鄉，即所謂的「仁」，「仁者，人之安宅也。」

仁者，人之安宅。擴大這仁人之心於整個天地之間，整個天地都變成了人之安宅。其實，這問題甚是簡易，只在於人願不願意而已。可惜，現在的人類都已經「亡其宅」了，不再說「願意」，果真嗎？

最後，我們仍要重申「我們都應住在人性的宅第之中」。

38 君子之「所性」、「所樂」與「所欲」

廣土眾民，君子欲之，所樂不存焉；中天下而立，定四海之民，君子樂之，所性不存焉。君子所性，雖大行不加焉，雖窮居不損焉，分定故也。君子所性，仁義禮智根於心，其生色也，睟然見於面，盎於背，施於四體，四體不言而喻。

——〈盡心篇上〉

欲之：所希望的。
所樂：樂趣所在。
所性：本性所在。
大行：理想通行。

窮居：窮困窘迫而隱居。
分定：本分，性分是一定的。
睟然：清和而潤澤的樣子。
見於面，盎於背：表現在臉面上及背上。

君子之為君子，用孟子的話來說，是「窮則獨善其身，達則兼善天下」，君子是不為勢劫不為利誘的，君子不再是一個社會的位階概念，而是一個德行人格的概念。這個德行人格是由自己通向社會國家的，最後還要及於整個宇宙六合天地四方。

這德行的人格，怎樣去瞭解才恰當呢？

由生命的定向之善，順理成章的發展出來，那也就是了。

生命的定向之善是君子定立其為君子的一個座標的原點，天變地變此原點不變。

「君子」這概念是由孔子開發出來的，他將這個原來屬於封建階層的位階概念解放出來，而成為一個德行的概念。

德行之為德行是就倫常日用的開展而說的，不就政治層面而說。孟子所說的「君子有三樂」所指正在於此，而他定要撇開政治，他說「王天下不與存焉」，不把統治天下放在君子三樂中，這是一種立場的宣示。

君子之所欲，與君子之所樂，與君子之所性，這三個層次是不同的。

「所性」是本，「所樂」是用，「所欲」則是一種由本而來的用，再往前所生的一種「盼望」。

「所性」是自家成全，無有窒礙，挑柴擔水，無非是道。放開一步，觀其自在，鳥語花香，造化遷流，莫非所性。孟子謂「萬物皆備於我，反身而誠，樂莫大焉」，明道詩云「萬物靜觀皆自得，四時佳興與人同」，此是所性。

「所樂」是人倫教化，孝弟仁義，仰不愧天，俯不怍地，作育英才，文化綿延，源泉滾滾，沛然無禦，莫非所樂。孟子所謂「強恕而行，求仁莫近焉！」此是所性。

「所性」其實是「放開」，「所樂」則是「成全」，「所欲」則是「期待」。

有放開，才有成全；有成全，才有期待。放開是本，成全是用，期待則是不休止的盼望。

放開是開顯，成全是落實，有開顯才有落實，這樣也才有期待。順著這個次序，很自然；逆著這個次序，便不自然。前者是依道而長，後者則恐為勢所劫。

君子依道成勢，不以勢脅道。善哉！

39

瞽叟殺人、臯陶抓人、舜竊負而逃

桃應問曰：「舜為天子，臯陶為士，瞽叟殺人，則如之何？」

孟子曰：「執之而已矣！」

「然則舜不禁與？」

曰：「夫舜惡得而禁之？夫有所受之也。」

「然則舜如之何？」

曰：「舜視棄天下，猶棄敝蹝也。竊負而逃，遵海濱而處，終身訢然，樂而忘天下。」

——〈盡心篇上〉

桃應：孟子弟子。

臯陶：舜的獄官。

執：抓起來。

惡得：怎麼可以。

有所受之：有所受命，是有職務在身，須依職責而行。

訢然：即欣然，快樂的樣子。

孟子之不同於孔子，最重要的在於孔子與其弟子之間是以一對話的方式展開的，而孟子與其弟子之間是以一辯論的方式展開的。甚至，我們可以發現孟子的學生常常先排練好了辯論的諸多可能，才與他們的老師（孟子）展開辯論，但孟子總還略贏了半籌。

有一天，孟子的學生商量好了，要給孟老師出個難題。平常孟子最為推崇舜了，尤其主張要「孝弟」，大家便圍繞著這個問題做了一番討論，最後推桃應擔綱來發問。

桃應先問孟子：「要是舜為天子，皋陶作司法官，而舜的父親瞽叟殺了人，這時皋陶要怎麼辦？」

孟子毫不遲疑的就回答說：「依法抓起來，就是了。」

桃應開始把問題引到衝突點上，他說：「舜難道不禁止皋陶去抓他父親嗎？」

孟子依然清楚的回答說：「舜怎麼可以去禁止他呢？皋陶是依據他所承受的職務去行事啊！」

桃應緊纏不放，又問：「那舜就這樣眼巴巴看著他的父親被捕入獄，見死不救嗎？」

孟子說：「舜為了成全孝，他會先拋棄自己的天子之位，他看這天子之位就像破鞋子一般，沒什好愛惜的。然後，他會偷偷背著（不准利用任何公家資源）他的父親，逃到東海之濱，沿著海邊住下來（自己放逐自己於海濱），一輩子欣然快樂，而忘記以前他曾擁有天下。」

每回上課遇見這章，總引起莫大的回響，孟子常被學生指責封建、保守、沒有法治觀念。其實，這些指責是不當理的。因為我們沒有理由以現在人的情境去要求孟子，我們應回到孟子那時候的情境，才能去評論孟子。

於公，孟子認為舜不能禁止皋陶捕捉瞽叟，並且孟子主張若站在皋陶的立場應捉拿瞽叟，毫不猶豫。再往前推想，這包括舜若偷偷背著他的父親逃走，皋陶仍然可捉拿，而且不只捉拿瞽叟，亦且捉拿棄官（按天子亦一位）逃走的舜。

於私，一旦自我解除了天子的職務，他回復作為一個平民的身分，他不能假公濟私，利用各種公眾的資源；但他基於孝心，他可以偷偷背著他的父親逃走。這樣的逃走，當然要冒著被捕的危險，因此，必須逃得愈遠愈好，逃到東海之濱。這形同自我放逐於化外，生活定然苦不堪言，更何況比起當天子的神情，那可差得遠了。不過，因可以盡了孝道，所以終身欣然而悅，了無遺憾！

我想若有可爭可議的不在孟子沒有法治的觀念，或者保守封建，而在於孟子所強調的舜是否真會這麼做，當然，如是一個把「孝」放在第一位的人，是會這麼做的。但我們可不要忘了，孟子並沒有說把「孝」放在第一位，就可以抹煞掉其他，畢竟舜是要面臨皋陶通緝的危險的。

我想正如孟子所說的「余於武城只取二、三策而已」，善讀書者，恐不能泥於跡，泥於跡，無益而反有損。

王夫之講得好，他說「善讀書者，繹其言而展轉以繹之，道乃盡，古人之辭乃以無疵」，就看讀者要得其糟粕還是得其精華，咸自取之可也。

40 自由的渴求——逃墨必歸於楊，逃楊必歸於儒

逃墨必歸於楊，逃楊必歸於儒。歸，斯受之而已矣！今之與楊、墨辯者，如追放豚，既入其苙，又從而招之。

——〈盡心篇下〉

墨：指的是墨子的學說，主張兼愛。

楊：指的是楊朱的學說，主張為我。

追放豚：追逐丟失的豬。

苙：蓄養牲畜的欄。

招之：絆住他的腳。

人的存活，最重要的是要有意義感。投入整體，徹底的放棄個體，這或許可以使自己以那整體為自己，而獲得所謂「存在的意義感」；但問題則在於那整體畢竟不是你自己。人的自己是不能替代的，被替代的就不是自己。一個沒有自己的整體，自己頂多成了構成那個整體的工具，而再怎麼說，都不是他自己。

沒有了自己就沒有自由，而人是渴望自由的；在這樣的矛盾催逼下，人必然的要離棄那個沒有自己的整體，要求以一自己的方式，去享有所謂的「自由」。

上面所述兩段，可以說是「墨家」與「楊朱」之所以吸引人的內在理由。墨家代表的是一極端的「集體主義」的立場，而楊朱則代表一極端的「個人主義」的立場。人之嚮往集體主義或個人主義，其實本質上都是為得追求生命的自由，及因之而有的完成。

換句話來說，沒有人是本質上的一個集體主義者，也沒有人是本質上的一個個人主義者；在現象上或許可以作成這樣的區分，但本質上，人都是要求自由的。正因如此，所以沒有一個人是徹底的集體主義者，或是徹底的個人主義者；集體主義或是個人主義，頂多是個人生命歷程的一個過渡的階段罷了。

由於追求存在的意義感，而走向極端的「整體」，強調一「集體」以作為個人存在的依據；這勢必造成了個人與整體之間的嚴重張力，個人的自由便受到了嚴重的考驗。在個人自由的渴求之下，他必然的退回原來的「個體」之中，甚至以為唯有斷絕了個體與整體之間的網絡，才能保住所謂的「自由」。

問題是，人不可能自我封鎖於個體之中，他必會要求自己與其他的個體交往或者交談；因為所謂的「自由」是要展現開來的，他要求具體的實現，他不能停留在抽象而空洞的階段。打破了一極端的個體主義，必然得走向人際的互動與溝通、交談，造就一經由主體與主體的共融而構成的「互為主體性」這樣的存在要求。這既不是極端的集體主義，也不是極端的個人主義，而是兩者的融會與統一。

真正瞭解「人性是要求自由的」，就對人性有一永恆的信心，雖然楊朱、墨翟之言盈天下，儘管孟子因之而不可不辯，但他卻另方面有一份放開與讓開的精神，他深信人性在自由的渴望下，是會「逃墨必歸於楊，逃楊必歸於儒」的。歸，斯受之而已矣！無庸勢劫，無庸利誘，一切平平，原是坦蕩，如斯爾矣。

最後，我願意說儒家原是要求人性的自由有一恰當而合理的展現，或者我們說：儒家的倫常教化就只這般的簡易平常；或者，我們亦可說：自由原是這般的簡易平常。

問心：
讀孟子，反求諸己

作　　者　林安梧
主　　編　李欣蓉
行銷企畫　童敏瑋
社　　長　郭重興
發行人兼出版總監　曾大福
出　　版　木馬文化事業股份有限公司
發　　行　遠足文化事業股份有限公司
地　　址　231新北市新店區民權路108-3號8樓
電　　話　(02)22181417
傳　　真　(02)8667-1891
E m a i l　service@bookrep.com.tw
郵撥帳號　19588272木馬文化事業股份有限公司
客服專線　0800221029
法律顧問　華洋國際專利商標事務所　蘇文生律師
印　　刷　成陽印刷股份有限公司
初　　版　2017年10月
定　　價　340元

國家圖書館出版品預行編目(CIP)資料

問心 / 林安梧著. -- 初版. -- 新北市：木馬文化
出版：遠足文化發行, 2017.10
　面；　公分
ISBN 978-986-359-443-7(精裝)

1.孟子 2.研究考訂

121.267　　106015653